MARTINA KITTLER

DAS GROSSE FAMILIEN KOCHBUCH

DAS GROSSE FAMILIEN KOCHBUCH

REZEPTE UND TEXTE:
MARTINA KITTLER

FOTOS:
FOTOS MIT GESCHMACK:
ULRIKE SCHMID UND SABINE MADER

Einleitung

Service

Ernährungsbaum als Poster

am Ende des Buches

Frühstück & Pausenbrote

Salate & Snacks

Suppen & Eintöpfe

Gemüse & Kartoffeln

Das schmeckt der ganzen Familie!

Martina Kittler

Das steckt in diesem Buch

Probieren, schmecken, variieren – nur
wenn alle in meiner Familie restlos glück-
lich sind, gibt's grünes Licht für ein Gericht.
Denn hart, aber fair sind unsere Diskussionen am
Familienesstisch, die sich um die Bewertung meiner
kulinarischen Kreationen drehen. Auf den folgenden
Seiten stehen genau die Rezepte, die jeder in der
Familie mag: frisch, einfach, bunt und natürlich gesund. Freuen Sie sich auf rund 250 appetitanregende
Ideen, die den Alltag bereichern und Gäste beein-
drucken werden: Leibgerichte, Klassiker und neue
pfiffige Kombinationen. Also rein in den nächsten Supermarkt und gleich ein bisschen
mehr einkaufen – denn womöglich
verlangen Ihre Lieben einen
Nachschlag.

Einfach gesund essen

Unser Ernährungsbaum zeigt Ihnen auf einen Blick, wie Sie sich und Ihre Familie mühelos und genussvoll gesund ernähren können.

Essen Sie bunt! Je farbenfroher es auf Ihrem Teller zugeht, desto besser sind Sie mit allen Nährstoffen versorgt. Rote Tomaten, gelbe Bananen, grüner Spinat, weißer Fisch, dunkles Fleisch – was das eine Lebensmittel nicht enthält, steckt in dem anderen. Kein Produkt ist tabu – auch Torte oder Bratwurst sind mal erlaubt. Es kommt nur auf die richtige Menge und die optimale Kombination an.

Grün: Bedienen Sie sich!

Gemüse und Obst – am besten 5 Portionen am Tag
* Liefern Vitamine, Mineral- und Ballaststoffe und wertvolle Pflanzeninhaltstoffe, stärken das Immunsystem und unterstützen zahlreiche Stoffwechselfunktionen. Gemüse gehört roh und gegart regelmäßig auf den Tisch. Tiefkühlgemüse können Sie verwenden, wenn frisches Gemüse keine Saison hat. Obst als Frische-Snack lässt sich einfach aus der Hand naschen. Ein Glas Fruchtsaft enthält keine Ballaststoffe – nur ab und zu genießen!

Pflanzliche Öle – in geringer Menge
* Hochwertige Pflanzenöle wie Walnuss-, Raps- oder Olivenöl haben viele Kalorien, aber auch lebensnotwendige Fettsäuren. Wohldosiert ein Muss auf dem Speiseplan.

Vollkornprodukte – 1–2 Portionen täglich
* Brot, Brötchen, Müsli, Nudeln und Reis aus Vollkorn liefern viele Ballaststoffe und beeinflussen den Blutzuckerspiegel weniger stark als Weißmehlprodukte.

Wasser und Tee – mindestens 1,5 Liter am Tag trinken
* Wasser und ungesüßte Kräuter- oder Früchtetees haben keine Kalorien und sind die besten Durstlöscher.

Gelb: Bitte in Maßen!

Milch und Milchprodukte – jeden Tag bis 3 Portionen
* Milch, Joghurt, Buttermilch, Quark und Frischkäse sind Kalzium-Lieferanten par excellence. Der Mineralstoff ist wichtig für den Knochenaufbau, daher für Heranwachsende unentbehrlich. Auf eine ausreichende Zufuhr achten! Bei Käse weniger fette Sorten bevorzugen.

Fleisch und Wurst – zwei- bis dreimal pro Woche
* Vor allem über fettarme Sorten und Produkte (z. B. Steak, Kotelett, Hähnchen, Schinken, Puten-Aufschnitt) nehmen wir wertvolles Eiweiß, Eisen und auch B-Vitamine zu uns.

Hülsenfrüchte – einmal pro Woche
* Trockenerbsen, Linsen und Bohnen liefern viele Nährstoffe. Wenn's schnell gehen muss, Dose aufmachen.

Fisch und Meeresfrüchte – ein- bis zweimal pro Woche
* Fettere Fische wie Lachs, Makrele und Hering enthalten die gesunden Omega-3-Fettsäuren, die Blutgefäße schützen. In weißfleischigem Seefisch stecken viele Vitamine und Jod, aber wenig Fett. Naturbelassene Fischfilets aus der Tiefkühltruhe sind eine gute Alternative. Schalentiere wie Garnelen und Muscheln selten auftischen, sie enthalten Purine, die Gicht auslösen können.

Eier – 3 Stück pro Woche, auch in verarbeiteter Form
* In jedem Ei steckt eine pralle Ladung an hochwertigem Eiweiß, Vitaminen, Mineralstoffen und Lezithin – wichtig für Wachstum und Entwicklung. Und ein gesunder Mensch kann auch den hohen Cholesteringehalt vertragen.

Kartoffeln – zwei- bis dreimal pro Woche
* Reichlich Ballaststoffe und Kohlenhydrate in Form von Stärke, die den Körper mit Energie versorgen, machen sie – einfach gekocht – zum gesunden Sattmacher.

Tierische Fette – sparsam genießen
* Butter und Schmalz mit reichlich gesättigten Fettsäuren und Margarine aus gehärteten Fetten (Trans-Fetten) sowie auch Frittierfette lieber bescheiden verwenden. Zu viel davon fördert die Entstehung von Übergewicht und Herz-Kreislauf-Erkrankungen.

Nüsse und Kerne – 1 Esslöffel pro Tag
* Walnüsse, Sesam & Co. liefern wertvolle Öle mit essenziellen Fettsäuren, Eiweiß und jede Menge Mineralstoffe.

Weißmehlprodukte – zurückhaltend essen
* Baguette, Brötchen, Brezeln, Mehl und Nudeln enthalten wenig Ballast- und Nährstoffe, weil das Korn ohne die wertvollen Randschichten vermahlen wurde.

Schorle, Kaffee und schwarzer Tee – in Maßen
* Gute Durstlöscher sind Saftschorlen. Auch ungesüßte Tees und Kaffee können Sie sich in Maßen gönnen.

Rot: Lieber nur selten!

Süßigkeiten – ab und zu naschen
* Zucker und kleine »Extras« wie Lutscher, Bonbons, Schokolade und Kuchen enthalten neben Zucker häufig auch viele versteckte Fette.

Knabbereien und Snacks – wohldosiert genießen
* Viele Kalorien und kaum gesunde Nährstoffe stecken in Chips und Pommes frites.

Fettes Fleisch – möglichst wenig
* Speck und Wurst wie Lyoner, Leberwurst und Bratwurst liefern viel ungünstiges Fett und Cholesterin.

Süße und alkoholische Getränke – maßvoll trinken
* Limonade, Cola, Eistee, Bier und Wein sind reich an »leeren Kalorien«– nur zu besonderen Gelegenheiten!

auch als Poster

Einkaufen mit gutem Gewissen!

Heute entscheiden wir bewusst, was im Einkaufskorb landet.
Lebensmittel sollen gesund sein, ökologisch und sozial vertretbar
und dabei bezahlbar – Qualität ist gefragt! Hier lesen Sie,
worauf Sie beim Kauf achten müssen.

Obst & Gemüse Statt zu jeder Jahreszeit Importe zu kaufen, setzen Sie lieber auf saisonale Produkte aus der Region. Weil sie reif geerntet und nur kurz transportiert werden, schonen sie Geldbeutel und Umwelt.

....

* Obst- und Gemüsesorten aus dem Umland, die zu »ihrer Zeit« geerntet werden, sind qualitativ hochwertiger als Exoten aus aller Welt. Sie wachsen im Freien und können ihr Aroma, Vitamine und Nährstoffe voll entwickeln.
* Kaufen Sie am besten auf dem Wochenmarkt oder direkt beim Bauern. In der Gemüseabteilung im Supermarkt auf regionale Herkunftsbezeichnungen achten. Praktisch: Mit der grünen Bio-Kiste kommt heimisches Obst und Gemüse direkt ins Haus. Adressen in Ihrer Region finden Sie z. B. unter www.oekolandbau.de
* Bevorzugen Sie Bio-Obst und -Gemüse! Gütesiegel (siehe Info rechts) garantieren gentechnikfreie Ernte und strenge Kontrollen.

Salat Frische steht bei Blattsalaten an erster Stelle, da sie leicht verderblich sind. Am besten nur nach Bedarf einkaufen und rasch zubereiten.

....

* Saisonale Salate aus Freilandanbau bevorzugen! Sie haben robustere Blätter und entwickeln mehr Aroma und Nährstoffe als im Gewächshaus. Dort neigen Salatköpfe dazu, das für Babys bedenkliche Nitrat anzureichern.
* Bringen Sie möglichst Salate aus der Region auf den Tisch. Auf den kurzen Transportwegen gehen nur wenige wertvolle Inhaltsstoffe verloren.
* Beim Einkauf auf den Strunk achten – er muss hell und frisch sein, darf keine braunen Stellen haben. Die Blätter sollten saftig und knackig aussehen – welke, verfärbte oder gar angefaulte Salatköpfe liegen lassen.
* Fertig zerkleinerte Salatmischungen sind fix angemacht, aber leider keimanfällig: Kaufen Sie nur verpackte Ware aus dem Kühlregal und achten Sie auf das Mindesthaltbarkeitsdatum. Den Salatmix vor dem Essen waschen.

Öle & Fette Nicht nur die Menge, auch die Auswahl der Öle und festen Fette ist wichtig. Welche eignen sich wofür am besten?

....

* Hochwertige, kalt gepresste Pflanzenöle (z. B. Olivenöl, Walnussöl, Traubenkernöl) sind für Salatdressings und kalte Speisen ideal, lassen sich aber nicht hoch erhitzen. Zum sanften Braten und Dünsten ist Olivenöl geeignet. Steaks sollten Sie lieber in einem raffinierten Pflanzenöl (z. B. Rapsöl) oder mit Butterschmalz anbraten.
* Butter oder Margarine? Das ist eine Frage des Geschmacks und der Herstellung. Bei Margarine die Zutatenliste lesen: Produkte, auf denen »pflanzliche Fette, gehärtet« steht, besser meiden. Dahinter verstecken sich die für die Blutgefäße schädlichen Trans-Fettsäuren. Zum Backen Backmargarine oder Butter nehmen, Softmargarine und Halbfettbutter taugen aufgrund ihres hohen Wassergehalts nur bedingt dazu.
* Feste Pflanzenfette wie Palm- oder Kokosfette, Schmalz und Erdnuss- oder Sojaöl zum Frittieren verwenden.

Getränke Sie sind wichtige Lebensmittel. Bis zu 2 Liter sollen wir pro Tag trinken. Es darf aber auch gern mehr sein, wenn das Richtige eingeschenkt wird.

....

✳ Besser Leitungswasser als abgefülltes Mineralwasser aus Flaschen ins Glas füllen. Es muss nicht verpackt, transportiert und gelagert werden und ist deshalb umweltfreundlicher. Trinkwasser aus dem Hahn unterliegt in Deutschland strengen Kontrollen und muss einwandfrei sein. Wer sein Wasser lieber gespritzt trinkt, kann einen Wassersprudler verwenden.

✳ Mineralwasser hat meist einen höheren Mineralstoffgehalt als Quellwasser. Aus Glasflaschen schmeckt es am besten, PET-Plastikflaschen sind aber leichter zu tragen. Ihr Nachteil: Es können Verpackungsstoffe in das Wasser übertreten.

✳ Wer auf Fruchtgeschmack nicht verzichten möchte, kann sich eine Saftschorle aus einem Drittel reinem Fruchtsaft (z. B. Apfelsaft) und zwei Drittel Wasser selber mischen.

✳ Süße Erfrischungsgetränke wie Cola, Limonaden, Eistee und Wellnessdrinks sollten nur gelegentlich im Einkaufswagen landen – der Gesundheit zuliebe! Sie enthalten viel zu viel Zucker.

✳ Bei kalorienreduzierten Getränken auf die Zutatenliste achten. Sie enthalten oft künstliche Süßstoffe oder Zuckeraustauschstoffe, Aromen, Säuren, Farbstoffe und taugen deshalb nicht als Durstlöscher.

Eier Die Haltung der Legehennen bestimmt die Qualität der Eier. Es lohnt sich, für Bio-Eier ein paar Cent mehr zu bezahlen.

....

✳ Codenummern: Die erste Ziffer gibt Aufschluss über die Art der Haltung. 0 = Eier von Bio-Hennen. Auslaufhaltung, Licht im Stall und maximal 6 Hennen pro Quadratmeter. Futter aus ökologischem Anbau. 1 = konventionelle Freilandhaltung. Tagsüber Auslauf im Freien. Pro Huhn mindestens 4 Quadratmeter Fläche. 2 = Bodenhaltung im Stall. 7 Hühnern steht mindestens 1 Quadratmeter Fläche zur Verfügung. 3 = Käfighaltung in Legebatterien. Bei uns verboten, in der EU noch erlaubt. Die zwei Buchstaben stehen für das Herkunftsland, z. B. DE = Deutschland, AT = Österreich. Die siebenstellige Zahl dahinter zeigt an, aus welchem Legebetrieb das Ei stammt.

✳ Packungsaufkleber oder Schild bei losen Eiern: Die Eier sind bis zu einem bestimmten Datum haltbar, wenn sie 10 Tage vor Ablauf des Mindesthaltbarkeitsdatums in den Kühlschrank kommen. Darunter steht die Gewichtsklasse: S (small), M (medium), L (large) und XL (extra large).

✳ Verwenden Sie immer nur frische Eier, vor allem für alles mit rohen Eiern wie Mousse und Mayonnaise.

Bio Kennzeichnet in Deutschland Waren, die der EG-Öko-Verordnung entsprechen: Ein Lebensmittel muss zu 95 Prozent biologisch angebaut sein oder aus artgerechter Tierhaltung stammen. Garantiert den Verzicht auf Kunstdünger und chemische Pflanzenschutzmittel im Anbau sowie auf leistungsfördernde Medikamente in der Tierhaltung. Der Einsatz von gentechnisch veränderten Sorten und Bestrahlung von Lebensmitteln sind untersagt. www.bio-siegel.de

Demeter Steht für biologisch-dynamische Landwirtschaft nach den Richtlinien des Anthroposophen Rudolf Steiner. Der Ökoverband legt Wert auf Gründüngung und Fruchtfolge. Strengste Anbau- und Tierhaltungskriterien. www.demeter.de

MSC Das Gütesiegel des »Marine Stewartship Council« zertifiziert nachhaltige Meeresfischerei, bei der nicht mehr gefangen wird als nachwächst. Produkte mit »MSC«-Siegel in vielen Supermärkten. www.msc.org/de

KAT Das Label des »Vereins für kontrollierte alternative Tierhaltungsformen e.V.« (KAT) setzt auf lückenlose Kontrolle von Eiern vom Futtermittelhersteller bis in den Handel. Zu den KAT-Regeln gehört auch eine jährliche Untersuchung der Eier auf Dioxine. www.was-steht-auf-dem-ei.de

Fairtrade Steht für fairen Handel von Lebensmitteln wie Kaffee, Kakao, Reis und Früchten aus Entwicklungsländern und gute Lebens- und Arbeitsbedingungen für Produzenten und Arbeiter. www.transfair.org

Verantwortungsvoll konsumieren

Milch & Milchprodukte

Milch, Quark, Joghurt & Co. gibt es in vielen Fettstufen im Kühlregal – figurbewusst einkaufen! Eine gesunde Wahl sind fettreduzierte Produkte, ohne dass der Geschmack und der Gehalt an Eiweiß, Kalzium und Vitaminen leiden.

....

* Traditionell hergestellte, pasteurisierte Frischmilch schneidet geschmacklich besser ab als die länger haltbare ESL-Milch (= extended shelf life). Die hocherhitzte Milch hält sich im Kühlschrank ungeöffnet bis zu 3 Wochen, ultrahocherhitzte H-Milch mindestens 3 Monate.
* Beim Kauf von Milch und Milchprodukten aus dem Kühlregal auf das Mindesthaltbarkeitsdatum achten. Milch & Co. vor Licht und Wärme schützen und nur im Kühlschrank aufbewahren.
* Bioqualität steht für artgerechte Tierhaltung (Auslauf, entsprechendes Futter, Verzicht auf Antibiotika) und mehr gesunde Fettsäuren als in konventioneller Milch.
* Vorsicht bei Fruchtjoghurts, süßen Milchgetränken, Frischkäse- und Quarkzubereitungen! Viele Produkte enthalten reichlich Zucker, zugesetzte Aromen und Fett. Am besten auf die Zutatenliste schauen! Lieber zu naturbelassenen Milchprodukten greifen und Fruchtiges untermischen.

Getreideprodukte

Auf den ersten Blick lässt sich nicht erkennen, was in Fertigprodukten wie Brot, Gebäck, Nudeln & Co. steckt. Wer genau hinschaut, isst gesünder und umweltfreundlicher.

....

* Vollkornprodukte enthalten mehr Ballaststoffe, Vitamine und Mineralien als Weißmehlprodukte. Backwaren aus fein vermahlenem Getreide und »Pasta integrale« schmecken auch Kindern. Zum Eingewöhnen: helle Hartweizen- und Vollkornnudeln fifty-fifty mischen.
* Am besten Getreide aus kontrolliert-biologischem Anbau kaufen. Es wird ohne chemische Pflanzenschutzmittel und Mineraldünger angebaut. Vor allem bei Vollkornprodukten gehen Sie mit Bio auf Nummer sicher, da sich Schadstoffe bevorzugt in der Schale des Korns konzentrieren.
* Nicht alles ist Vollkorn, was dunkel glänzt: Im Angebot sind auch Brot- und Brötchensorten, die mit Zuckersirup oder Malzextrakt bräunlich gefärbt wurden. Achten Sie auf die Zutatenliste oder fragen Sie beim Kauf nach.
* Naturreis: Die ungeschälten Körner enthalten noch den nährstoffreichen Keimling im Unterschied zu weißem Reis. Wer geschälten Reis bevorzugt, sollte parboiled Reis kaufen. Mit einem speziellen Verfahren wird ein Großteil der Vitalstoffe aus den Randschichten in das Korninnere gepresst.

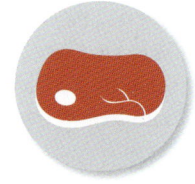

Fleisch & Geflügel

Zwei- bis dreimal pro Woche Fleisch und magere Wurst essen – das genügt! Dafür lieber zu hochwertiger Ware greifen und etwas mehr ausgeben.

....

* Fleischkauf ist Vertrauenssache. Der Metzger kennt sein Produkt und kann über Herkunft, Haltung und Futter der Tiere genau informieren.
* Fleisch an der Theke oder in der Kühltruhe genau in Augenschein nehmen. Ein wichtiges Indiz für die Frische ist eine klare Farbe mit leichtem Glanz. Die Oberfläche darf nicht ergraut sein. Liegt das Fleisch im eigenen Saft – Finger weg!
* Das Mindesthaltbarkeitsdatum sollte möglichst lang vom Einkaufstag entfernt liegen. Hackfleisch darf nach Ablauf des Verbrauchsdatums nicht mehr verkauft werden.
* Fleisch und Geflügel aus extensiver Mast und Bio-Haltung schmecken besser als Fleisch aus konventioneller Tierhaltung, unter anderem weil dabei keine Antibiotika als Masthilfen eingesetzt werden.
* Fleisch, Geflügel und Wurstwaren nach dem Einkauf schnell nach Hause in den Kühlschrank bringen – am besten in die kälteste Zone auf die Glasplatte über den Gemüsefächern. Rindfleisch hält sich 3–4 Tage, Kalb- und Schweinefleisch 2–3 Tage, Geflügel 1 Tag. Hackfleisch ist wegen seiner großen Oberfläche keimanfällig und sollte am Tag des Einkaufs zügig verarbeitet oder eingefroren werden.

Kartoffeln
Wer die Knollen direkt beim Bauern oder auf dem Wochenmarkt einkauft, wird mit bestem Geschmack und viel Vitamin C belohnt.

....

✳ Kartoffeln müssen fest, trocken und unversehrt sein. Runzeln, Druckstellen und ein leicht süßlicher Geruch sind ein Zeichen für Verderb. Kartoffeln mit grünen Stellen unbedingt reklamieren! Sie enthalten den Giftstoff Solanin, der durch zu viel Licht entsteht. Finger weg auch von angekeimten Knollen – sie sind schädlich.
✳ Keine Scheu vor unsauberen Kartoffeln! Ungewaschen und erdig halten sie länger und schmecken besser.
✳ Kartoffeln dunkel, trocken und kühl lagern. Ansonsten nur kleine Mengen kaufen und innerhalb von ein bis zwei Wochen verbrauchen. Am besten in einem luftigen Behälter oder Leinensack aufbewahren. Kartoffeln aus dem Folienbeutel packen – darin schwitzen sie und schimmeln schneller.

Hülsenfrüchte
Getrocknete Erbsen, Linsen und Bohnen liefern wertvolles Eiweiß, Ballaststoffe und Mineralstoffe, selbst wenn sie lange im Vorrat liegen.

....

✳ Beim Einkauf das Verfallsdatum auf der Packung beachten! Ungeschälte Hülsenfrüchte sind mindestens ein Jahr, geschälte sechs Monate haltbar – vom Abpacktag an gerechnet.

✳ Hülsenfrüchte müssen die Qualitätsprobe bestehen: Sie sollten glatt, glänzend und gleichmäßig gefärbt sein und keine schwarze Flecken aufweisen. Riechen sie muffig, könnten sie zu alt oder falsch gelagert sein.
✳ Linsen & Co. auf keinen Fall roh essen – und unbedingt für Kinder unzugänglich aufbewahren! Denn roh enthalten sie Giftstoffe, die erst durch genügend langes Kochen (mindestens 15 Minuten) verschwinden.

Fisch & Meeresfrüchte
Einige Arten sind heute durch Überfischung bedroht. Mit der richtigen Kaufentscheidung können Sie dafür sorgen, dass die Bestände geschützt werden.

....

✳ Wer mit gutem Gewissen Fisch essen will, sollte sich an dem »Einkaufsratgeber Fisch & Meeresfrüchte« des WWF (World Wide Fund For Nature) orientieren. www.wwf.de/fisch
✳ Kaufen Sie Meeresfische und -früchte aus umweltverträglicher Fischerei, z. B. Produkte mit dem MSC-Siegel (Info Seite 11).
✳ Süßwasserfische, Lachse, Muscheln und Garnelen aus Öko-Aquakulturen sind eine sinnvolle Alternative. Beratung und Qualität erhalten Sie von einem guten Fischhändler.
✳ Fisch und Meeresfrüchte sollten nach Seeluft duften. Riechen sie fischig – Finger weg! Ganze Fische müssen klare, gewölbte Augen, rote Kiemen und glänzende Haut haben.
✳ Frischen Fisch in einer Isoliertasche transportieren, damit die Kühlkette nicht unterbrochen wird. Möglichst am Tag des Einkaufs, spätestens am Tag danach zubereiten oder einfrieren.

Fertigprodukte
Manchmal machen Convenience-Produkte Sinn, wenn es schnell gehen muss. Welche sind geeignet?

....

✳ Je weniger verarbeitet, desto besser. Greifen Sie zu purem Tiefkühlgemüse wie Blattspinat, wenn diese frisch nicht zu haben sind. Für die Lieblings-Tomatensauce dürfen es auch geschälte oder passierte Tomaten aus Dose oder Tetrapak sein. Konservengemüse wie Sauerkraut, Kidneybohnen und Mais werden durch Erhitzen, Salzen oder Säuern haltbar gemacht. Sie sind ebenfalls als Blitz-Alternativen zu Frischem okay.
✳ Bei vorgefertigten Lebensmitteln wie Pizza, Dosensuppen und Instantsaucen gilt: Je kürzer die Liste mit Zusatzstoffen (E-Nummern), desto besser. Die Convenience-Produkte mit frischem Gemüse, Kräutern und Kernen aufpeppen.
✳ Komplette Fertigmahlzeiten meiden. Denn die Bequemlichkeit hat ihren Preis: Lange Haltbarkeit, Instantfrische und -geschmack werden nur durch viele Zusatz- und Ersatzstoffe erreicht.

Die TOP 20 für den Vorrat

Diese Produkte sollten Sie immer auf Lager haben. Denn daraus zaubern Sie mit wenigen frischen Zutaten aus dem Stand viele raffinierte und doch unkomplizierte Gerichte, die allen schmecken.

1. Brühe: Gekörnt, als Würfel oder als Fond im Glas – Hühner- oder Gemüsebrühe ist eine kräftige Grundlage für Suppen, Eintöpfe und Saucen.

2. Eier: Lassen sich schnell in süße und herzhafte Gerichte verwandeln. Eigelb bindet, Eischnee macht Süßes luftig und locker.

3. Essig: Ist ewig haltbar. Wählen Sie zwei Sorten: Ein milder Weißwein- oder Obstessig passt zu Salat und Gemüse, Fisch und Marinaden. Ein Aceto balsamico gibt Saucen und Salaten teelöffelweise Pfiff.

4. Gewürze: Salz, Pfeffer, Paprika, Curry, Zimt sowie getrocknete Kräuter wie Lorbeer, Oregano und Thymian sollten Sie im Gewürzregal stehen haben. Senf, Meerrettich, Kapern und Tomatenmark sind super zum Abschmecken.

5. Haferflocken: Sind 6 Monate haltbar. Vielseitig einsetzbar, z. B. im Müsli, zum Binden, als Panade.

6. Joghurt: Leichte Alternative zu Schmand, Crème fraîche und saurer Sahne. Gut im Müsli, in Dips, Dressings und Desserts. Bleibt im Kühlschrank 1–2 Wochen frisch.

7. Kartoffeln: Lagern Sie zwei Typen ein: festkochende für Pell- und Bratkartoffeln, Kartoffelsalat, Gratin und Eintöpfe und mehligkochende für Püree, Suppen und Klöße.

8. Konserven: Dosentomaten gehören unbedingt ins Regal. Auch Dosen mit Hülsenfrüchten (Linsen, Kichererbsen, Bohnen), Mais, Thunfisch, Obst (Ananas, Aprikosen, Pfirsiche) sind Vorrats-Helden und echte Zeitspar-Hits!

9. Mehl: Zum Binden von Suppen, Saucen und Klößen, macht Schnitzelpanaden kross. Auch im Pfannkuchen-, Kuchen- und Pizzateig beweist Mehl sein Multitalent.

10. Milch: Frisch hat sie ihren festen Platz im Kühlschrank, haltbare H-Milch kann noch monatelang im Vorratsschrank lagern. Vielseitig einsetzbar!

11. Nudeln: Sind trocken gelagert über 1 Jahr haltbar – ein Muss im Vorratsschrank! Mit Saucen kombiniert, als Auflauf oder im Salat: Spaghetti & Co. gehen immer!

12. Öl: Für den täglichen Gebrauch sind zwei Sorten Öle zu empfehlen: kalt gepresstes für Marinaden und Dressings (z. B. Olivenöl) und neutrales Pflanzenöl zum Braten und Backen (z. B. raffiniertes Rapsöl).

13. Parmesan: Bleibt in Pergament im Kühlschrank 2–3 Wochen frisch. Unverzichtbar als Topping für Pasta.

14. Reis: Langkornreis eignet sich für Reispfannen, Suppen, Salate, auch gut zu Currys und Wokgerichten. Aus Rundkornreis lässt sich mit wenig Aufwand Risotto oder Süßes zaubern. Naturreis enthält besonders viele Nährstoffe.

15. Sahne: Gehört in den Kühlschrank und rundet viele Saucen, Suppen und Süßspeisen sahnig-samtig ab.

16. Tiefkühl-Ware: TK-Gemüse (Spinat, Erbsen, Brokkoli, Bohnen), Obst (Beeren, Sauerkirschen), Fischfilets, Garnelen und Kräuter sind vielseitig und sofort verwendbar: die Blitz-Alternative zu Frischem.

17. Toastbrot: Hält sich 2 Wochen frisch. Notnagel fürs Frühstück oder als schneller Snack. Macht Salate mit Croûtons zum Knuspervergnügen.

18. Zitrone: Nicht nur zum Kochen und Backen geeignet, Saft und Schale verleiht auch kalten Saucen, Dips und Desserts einen Frische-Kick.

19. Zucker: Basic für Süßes, letzter Schliff für eine würzige Vinaigrette – trocken aufbewahren!

20. Zwiebeln und Knoblauch: Schmecken roh im Salat, gebraten oder gedünstet. Kühl, trocken und dunkel aufbewahrt können sie uns mehrere Monate lang zu Tränen rühren.

Familie unterwegs

Kennen Sie das? Beim Kinderarzt hat es mal wieder länger gedauert und für einen gut geplanten Einkauf fehlt die Zeit. Vielleicht stecken Sie mit dem Auto auch noch im Stau – schnell wird der »Ausflug« zur Quengeltour. Weil bei den lieben Kleinen der Magen knurrt und keine Zeit zum Einkehren bleibt. Schnelle Abhilfe schafft eine gesunde Mahlzeit. Denn gerade in hektischen Zeiten ist ein ausgewogenes Essen besonders wichtig. Es füllt leere Energiespeicher auf, überbrückt Leistungstiefs und liefert Nährstoffe, um rasch wieder fit zu sein. Und wenn es unterwegs schnell gehen muss, ist Fast-Food erlaubt, vorausgesetzt Sie bieten Ihrem Nachwuchs das Richtige an.

Fast Food: Am besten selbst gemacht!

Eine frische Banane, Mandarinen, ein Apfel sind fix im Vorbeigehen eingepackt und in ihrer »natürlichen Verpackung« absolut transporttauglich. Auch getrocknete Früchte wie Apfelringe und Aprikosen, Studentenfutter und Nusskerne eignen sich zum Knabbern und halten Ihre Kinder bei bester Laune: Sie liefern wertvolle Vitamine und Ballaststoffe. Mit einem hart gekochten Ei, einigen Oliven, Hartkäse in mundgerechten Würfeln und einer Scheibe Vollkornbrot im Gepäck werden Sie bei Ihrem Nachwuchs garantiert Pluspunkte sammeln. Wer mehr Zeit hat, kann Obst und Gemüse vorbereiten: Apfel- und Birnenschnitze, Gurke, Paprika, Möhren und Kohlrabi in mundgerechte Streifen schneiden und bei Bedarf aus der Brotzeitbox zaubern – Naschen mit Fingern erlaubt! Auch Erdbeeren, Kirschen oder Radieschen sind, gewaschen und »am Stiel«, als Fingerfood äußerst beliebt.

Clever gekauft

Sättigende Getränke können Sie unterwegs im Lebensmittelladen kaufen: Buttermilch, Trinkjoghurt und Kefir. Auch ein Frucht-Smoothie bekommt grünes Licht als Snack, wenn er aus gepresstem Obst ohne Zuckerzusatz gemixt wurde. Bei Take-away-Salat aus der Kühltheke im Supermarkt unbedingt darauf achten, dass er frisch zubereitet wurde. Ein fertig belegtes Brötchen mit Schinken, magerer Wurst, Gemüse oder Hähnchen vom Bäcker oder Imbissstand sollte aus Vollkorn sein und ebenso wie ein Veggie-Wrap möglichst keine Remoulade enthalten. Ein Matjesbrötchen oder Lachsbagel ist zwar fett- und salzhaltig, darin stecken aber wertvolle Fettsäuren.

Ab und zu erlaubt

Laugengebäck wie Brezel, Brötchen oder Stange – aufgestreutes Salz abkratzen! – ist unproblematisch, solange es nicht jeden Tag angeboten wird. Auch Hamburger, Döner, meist aus magerem Fleisch, garniert mit viel frischem Gemüse oder ein Käsebrötchen sind nur dann ein Risiko für Gesundheit und Gewicht, wenn sie zu oft verdrückt werden. Lieber nur ganz selten sollten Sie Ihren Kids typisches Fast Food gönnen: Currywurst, Pommes frites, Hot Dog, Leberkäse-Brötchen, Fischburger und Big Mac. Sie bringen jede Menge Fett und Kalorien mit sich, und wer davon regelmäßig mehr aufnimmt, als er verbrennt, wird dick. Gefüllte Croissants mit Schinken oder Käse, Schokoriegel, Butterkekse und süße Teilchen vom Bäcker sind als Zwischenmahlzeit ebenso bedenklich, weil sie viel Fett und Zucker enthalten und nach kurzer Sättigung rasch wieder zu einem Hungerloch führen können. Auch süß, aber gesünder: Knusprige Reiswaffeln oder ein Glas Kakao – peppt mit Kalzium auf. Zuckerreduzierte Müsliriegel und Fruchtschnitten liefern zusätzlich wertvolle Vitamine und Ballaststoffe.

Picknick: Ein Fest für alle Sinne

Strahlend blauer Himmel, das wohlige Gefühl der Sonne auf der Haut – solche Tage muss man einfach im Freien genießen. Hier einige Vorschläge, was sich bequem transportieren und einfach essen lässt: Brote und Brötchen, Gemüse-Rohkost zum Dippen, verschiedene Pasten und Aufstriche (Seite 26, 27 und Seite 35). Auch Picknick-Brote sind eine gute Wahl: Schinken-Melonen-Tramezzini (Seite 36), Ciabatta mit Braten (Seite 37), Panini mit Mozzarella und Tomaten (Seite 37), Möhren-Kornspitz (Seite 39) und Käse-Brötchen (Seite 39). Hackfleisch-Schnecken (Seite 64), Schinken-Hörnchen (Seite 65) und Muffins (Seite 226, 227) können Sie schon am Vortag backen. Frische Früchte runden die Outdoor-Mahlzeit ab.

Schicht-Obstsalat

Für 4 Portionen 1/2 Honigmelone (ca. 500 g), 250 g Erdbeeren, 2 Pfirsiche waschen und putzen oder schälen, getrennt klein schneiden. 250 g Kirschen abbrausen. Abwechselnd je 1 Schicht Melonen, Erdbeeren, Pfirsiche und Kirschen in eine Plastikschüssel oder -box füllen. 2 EL Limettensaft mit 1 TL Honig verrühren, darübergießen. Gefäß verschließen.

Glasierte Hähnchenkeulen

Für 4 Portionen 4 Hähnchenkeulen im Gelenk durchschneiden, in einer Mischung aus 4 EL Olivenöl, 2 EL Honig, Salz, Pfeffer, 1 TL rosenscharfem Paprikapulver und 1 TL abgeriebener Bio-Zitronenschale marinieren. Dann auf ein mit Backpapier belegtes Backblech legen und im heißen Ofen (unten) bei 200° (Umluft nicht geeignet) 35–40 Min. knusprig braten. Abkühlen lassen, in Alufolie packen. Servietten nicht vergessen!

Frühstück & Pausenbrote

Power-Start in den Tag: Viel Abwechslung beim Frühstück und in der Brotzeitbox treibt selbst Morgenmuffel aus den Federn.

Blitzrezepte

Kinder-liebling

ganz einfach

Beeren-Smoothie

**ZUTATEN FÜR 4 PORTIONEN
10 MIN.**

200 g gemischte TK-Beeren | 1 Banane | 1–2 EL Bourbon-Vanillezucker | 1 EL flüssiger Honig | 200 g Joghurt | 400 ml neutraler Sojadrink | 2 EL zarte Vollkorn-Haferflocken

Pro Portion ca. 180 kcal 6 g EW 4 g Fett 29 g KH

1. Beeren 5 Min. antauen lassen. Banane schälen und in Scheiben schneiden. Beeren und Banane in den Mixer oder eine hohe Rührschüssel geben. 1 EL Bourbon-Vanillezucker, Honig, 150 g Joghurt und die Hälfte vom Sojadrink hinzufügen und alles im Mixer oder mit dem Pürierstab fein pürieren.

2. Haferflocken und übrigen Sojadrink hinzufügen und nochmals alles kurz und kräftig durchmixen. Smoothie in vier große Gläser füllen, je 1 TL Joghurt daraufgeben. Smoothie mit einem dicken Trinkhalm oder langen Löffel servieren. Nach Belieben noch mit Vanillezucker bestreuen.

Mitnehm-Tipp: Smoothie in einen Thermobecher mit Deckel füllen und mit in die Schule nehmen – Powerdrink für die große Pause!

Cornflakes mit Trauben

**ZUTATEN FÜR 4 PORTIONEN
15 MIN.**

4 EL gehackte Haselnusskerne | 120 g ungezuckerte Cornflakes | je 150 g kernlose grüne und blaue Weintrauben | 4 Gold-Kiwis | 400 g Dickmilch | 200 ml Milch | 1/2 TL Zimtpulver | 4 TL Bourbon-Vanillezucker

Pro Portion ca. 330 kcal 10 g EW 13 g Fett 42 g KH

1. Die Nüsse und Cornflakes auf vier Schalen verteilen. Die Trauben waschen und halbieren. Die Kiwis schälen, vierteln und in Scheiben schneiden. Trauben und Kiwis auf dem Cornflakes-Mix verteilen.

2. Die Dickmilch mit Milch, Zimt und Vanillezucker verrühren und über die Frucht-Cornflakes-Mischung gießen. Cornflakes mit Trauben sofort servieren.

Tuning-Tipp: Wer morgens mehr Zeit hat, röstet die Nüsse vorher in einer Pfanne ohne Fett an. So schmecken sie noch aromatischer.

reich an B-Vitaminen

herzhafter Sattmacher

Spiegelei-Schnitte

ZUTATEN FÜR 4 PORTIONEN
10 MIN.
4 Scheiben Mischbrot (à ca. 50 g) | 1 EL Butter | 4 Eier
(Größe M) | Salz | Pfeffer | 4 Tomaten | 8 Scheiben
Schwarzwälder Schinken | 2 EL Schnittlauchröllchen

Pro Portion ca. 370 kcal 31 g EW 16 g Fett 24 g KH

1. Die Brote im Toaster rösten. Butter in einer Pfanne zerlassen. Eier hineinschlagen und bei mittlerer Hitze in 2–3 Min.
zu Spiegeleiern braten. Eier leicht salzen und pfeffern.

2. Inzwischen die Tomaten waschen, vom Stielansatz
befreien und quer in Scheiben schneiden. Scheiben auf die
gerösteten Brote verteilen und leicht salzen und pfeffern.
Jeweils mit je 2 Schinkenscheiben locker belegen. 1 Spiegel-
ei darauf anrichten. Mit Schnittlauch bestreuen und sofort
servieren.

Variante: Für »Strammen Max« nach spanischer Art den
Schwarzwälder Schinken durch Serranoschinken ersetzen
und die Tomaten durch in Streifen geschnittene geröstete
Paprika aus dem Glas.

Kirsch-Schoko-Porridge

ZUTATEN FÜR 4 PORTIONEN
15 MIN.
1 l Milch | Salz | 80 g weiße Schokolade | 160 g zarte
Vollkorn-Haferflocken | 4 EL getrocknete Sauerkirschen |
50 g gehackte Mandeln | 2 Bananen

Pro Portion ca. 570 kcal 18 g EW 25 g Fett 69 g KH

1. Die Milch mit 1 Prise Salz aufkochen. Die Schokolade
hacken und in der heißen Milch unter Rühren schmelzen
lassen. Die Haferflocken in die Schoko-Milch einrühren und
zugedeckt bei schwacher Hitze 3–4 Min. quellen lassen.
Dann die getrockneten Kirschen unterziehen, auf vier Schälchen verteilen.

2. Inzwischen die Mandeln in einer Pfanne ohne Fett goldbraun anrösten und abkühlen lassen. Die Bananen schälen,
schräg in Scheiben schneiden. Auf den Kirsch-Schoko-
Porridges verteilen und alles mit den Mandeln bestreut
servieren.

Austausch-Tipp: Im Sommer eignen sich statt der
Bananen auch sehr gut frische Aprikosen oder Nektarinen
für den Porridge.

Bananen-Schoko-Brot

ZUTATEN FÜR 4 PORTIONEN
15 MIN.
4 Scheiben Mischbrot (à ca. 50 g) | 4 EL Magerquark |
1 EL Bourbon-Vanillezucker | 3 kleine Bananen |
2 EL Zitronensaft | 1 EL zartbittere Schokoladenraspel

Pro Portion ca. 250 kcal 8 g EW 2 g Fett 48 g KH

1. Die Brote mit je 1 EL Quark bestreichen. Den Vanillezucker
darüberstreuen.

2. Bananen schälen, schräg in 1/2 cm dünne Scheiben schneiden und sofort mit dem Zitronensaft beträufeln. Die Scheiben
schuppenartig auf die Brote schichten. Brote mit den Schoko-
raspeln bestreut servieren.

Variante: Für 4 Birnen-Zimt-Brote 4 Scheiben Mischbrot mit
je 1 EL Frischkäse bestreichen. 2 TL Zucker und 1/2 TL Zimtpulver mischen und die Hälfte davon auf den Frischkäse streu-
en. 2 kleine, reife Birnen waschen, abtrocknen, vierteln und
entkernen. Die Viertel in dünne Spalten schneiden und auf die
Brote legen. Mit dem übrigen Zimt-Zucker bestreut servieren.

reich an Kalium

macht fit

Mohnbrötchen mit Erdbeeren

ZUTATEN FÜR 4 PORTIONEN
10 MIN.
200 g Erdbeeren | 2 TL Zitronensaft | 2 EL flüssiger Honig |
4 Mohnbrötchen | 150 g Halbfett-Frischkäse | 2 TL Kokos-
raspel | Zitronenmelisse zum Garnieren

Pro Portion ca. 250 kcal 10 g EW 4 g Fett 42 g KH

1. Erdbeeren waschen, entkelchen und in dünne Scheiben
schneiden. Mit Zitronensaft und Honig beträufeln.

2. Die Brötchen aufschneiden, beide Hälften mit Frischkäse
bestreichen und mit den Erdbeeren schuppenartig belegen.
Brötchen mit den Kokosraspeln bestreuen und mit jeweils
1–2 Blättern Zitronenmelisse garniert servieren.

Austausch-Tipp: 2 reife Nektarinen, Pfirsiche oder gelbe
Pflaumen in feine Spalten schneiden und statt der Erdbeeren
auf den Brötchen anrichten – auch superlecker!

Mitnehm-Tipp: Brötchen aufschneiden, bestreichen, aber
nur die unteren Hälften mit den Erdbeeren belegen. Obere
Hälften darauflegen. Brötchen in Pergamentpapier wickeln.

Käsebrot mit Gurke

ZUTATEN FÜR 4 PORTIONEN
10 MIN.
4 EL körniger Frischkäse | 4 TL körniger Senf | 4 Scheiben Vollkornbrot (à ca. 50 g) | 1 Bio-Minigurke | Salz | Pfeffer | 4 Scheiben Butterkäse oder junger Gouda | 1/2 Beet Kresse

Pro Portion ca. 235 kcal 11 g EW 12 g Fett 22 g KH

1. Frischkäse und Senf verrühren. Die Brote damit bestreichen. Die Gurke waschen, abtrocknen und in dünne Scheiben schneiden. 4 Gurkenscheiben abnehmen, die übrigen auf die Brote legen und leicht salzen und pfeffern.

2. Die Brote mit je 1 Scheibe Käse bedecken. Kresse abschneiden. Brote mit der übrigen Gurkenscheibe und mit Kresse garniert servieren.

Variante: Für 4 Tomaten-Camembert-Brote 4 Scheiben Vollkornbrot mit je 1 EL Frischkäse bestreichen. 2 Tomaten waschen und ebenso wie 125 g Camembert in dünne Scheiben schneiden. Brote mit je 1 Salatblatt belegen. Tomaten- und Camembertscheiben überlappend darauf verteilen, pfeffern und mit je 1 TL Schnittlauchröllchen bestreut servieren.

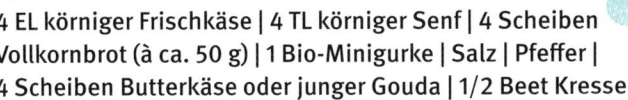

Toast mit Schinken

ZUTATEN FÜR 4 PORTIONEN
15 MIN.
1 EL Pinienkerne | 4 Scheiben Sandwichtoastbrot | 4 TL Olivenöl | 6 kleine Tomaten | 200 g Ricotta | Salz | Pfeffer | 4 Scheiben gekochter Schinken | 2 Stängel Basilikum

Pro Portion ca. 280 kcal 18 g EW 18 g Fett 11 g KH

1. Pinienkerne in einer Pfanne ohne Fett anrösten und abkühlen lassen. Die Brote im Toaster goldbraun rösten. Mit je 1 TL Öl beträufeln. Tomaten waschen, vom Stielansatz befreien und in Scheiben schneiden.

2. Die Toasts mit dem Ricotta bestreichen, mit Salz und Pfeffer würzen und mit den Tomaten belegen. Die Pinienkerne darauf verteilen. Mit je 1 Scheibe Schinken locker belegen und nach Belieben noch mit Pfeffer übermahlen. Basilikumblätter abzupfen, abreiben und die Brote damit garnieren.

Cranberry-Clementinen-Müsli

ZUTATEN FÜR 4 PORTIONEN
20 MIN.

80 g Pekan- oder Walnusskerne | 12 EL gemischte kernige Getreideflocken (z. B. Hafer-, Dinkel-, Roggen-, Gerstenflocken) | 60 g getrocknete Cranberrys | 100 ml Apfelsaft | 300 g körniger Frischkäse | 150 g Joghurt | 4 EL Ahornsirup | 1 Prise Zimtpulver | 2 Äpfel | 2 Clementinen (ersatzweise 1 Orange)

Pro Portion ca. 490 kcal 18 g EW 20 g Fett 60 g KH

1. Nüsse grob hacken, in einer Pfanne ohne Fett anrösten und abkühlen lassen. 1 EL Nüsse beiseitelegen, Rest mit den Getreideflocken und den Cranberrys mischen, auf vier Schälchen verteilen und mit dem Apfelsaft beträufeln. Frischkäse mit Joghurt, Ahornsirup und Zimt verrühren. Mischung auf den Getreideflocken verteilen.

2. Äpfel waschen, achteln, entkernen und quer in Stücke schneiden. Clementinen schälen und in Segmente teilen, evtl. filetieren und halbieren. Früchte auf dem Müsli verteilen und mit den Nüssen bestreut servieren.

Fruchtiges Frischkornmüsli

ZUTATEN FÜR 4 PORTIONEN
15 MIN. + 6–12 STD. EINWEICHEN

8 EL geschroteter Dinkel oder Weizen | 4 EL kernige Vollkornhaferflocken | 2 EL gehackte Haselnusskerne | 2 EL Rosinen | 2 kleine Bananen | 2 kleine Birnen | 250 g Beeren (z. B. Erdbeeren, Himbeeren, Brombeeren, Heidelbeeren) | 400 g Joghurt | 4 EL Sahne | 2 EL flüssiger Honig

Pro Portion ca. 412 kcal 10 g EW 14 g Fett 61 g KH

1. Schrot in einer Schüssel mit 200 ml kaltem Wasser vermischen und mit Folie abgedeckt mindestens 6 Std., am besten über Nacht, im Kühlschrank quellen lassen.

2. Am nächsten Tag die Haferflocken, Nüsse und Rosinen untermischen. Bananen schälen und in Scheiben schneiden. Birnen waschen, vierteln, entkernen und in kleine Stücke schneiden. Beeren kurz abbrausen und verlesen. Erdbeeren entkelchen und halbieren. Müsli und Obst auf vier Tellern anrichten. Joghurt mit Sahne glatt rühren, obendrauf geben und mit dem Honig beträufelt servieren.

reich an Ballast-stoffen

Kichererbsen-Aufstrich

ZUTATEN FÜR 4 PORTIONEN
15 MIN.
1 Dose Kichererbsen (250 g Abtropfgewicht) | 2 EL Olivenöl
1 EL scharfes Currypulver | 2 TL Kurkuma | 1 Knoblauchzehe
| 1–2 EL Zitronensaft | Salz | Pfeffer | 4 Stängel Petersilie

Pro Portion ca. 100 kcal 3 g EW 7 g Fett 7 g KH

1. Die Kichererbsen in ein Sieb abgießen, Flüssigkeit dabei
auffangen. Kichererbsen kalt abbrausen und gut abtropfen
lassen. Öl in einer kleinen Pfanne erhitzen, Currypulver und
Kurkuma darin 2–3 Min. unter Rühren anschwitzen. Knoblauch
schälen und dazupressen. Curry-Mischung vom Herd nehmen.

2. Die Kichererbsen mit der Curry-Mischung und dem Zitronensaft im Blitzhacker oder in einem hohen Becher mit dem
Pürierstab fein pürieren, dabei 2–3 EL Kichererbsensud
dazugeben. Mit Salz und Pfeffer würzen. Petersilie waschen
und trocken schütteln. Die Blätter hacken und unter das Püree
mischen. Haltbarkeit: 5–6 Tage im Kühlschrank.

Das schmeckt dazu: Baguette oder Sesam-Fladenbrot

mit
Curry-Kick

Obatzter

ZUTATEN FÜR 4 PORTIONEN
10 MIN.
100 g weicher Rahm-Camembert | 2 EL weiche Butter |
100 g Magerquark | Salz | Pfeffer | 1 TL edelsüßes Paprika-
pulver | 1/2 TL rosenscharfes Paprikapulver | 1 rote
Zwiebel | 1/2 Bund Schnittlauch

Pro Portion ca. 150 kcal 8 g EW 13 g Fett 1 g KH

1. Den Camembert klein würfeln, mit Butter und Quark in
eine Schüssel geben. Mit den Quirlen des Handrührgerätes
gründlich verrühren. Mit Salz, Pfeffer und beiden Paprikasorten
würzen.

2. Zwiebel schälen und fein würfeln. Schnittlauch waschen,
trocken schütteln und in feine Röllchen schneiden, zwei Drittel
davon mit den Zwiebeln unter den Obatzten heben. Obatzten
anrichten, nach Belieben noch fein mit edelsüßem Paprikapulver bestäuben und mit dem übrigen Schnittlauch bestreut
servieren. Haltbarkeit: 1 Woche im Kühlschrank.

Das schmeckt dazu: Laugenbrezel oder Landbrot

bayerisches
Schmankerl

reich an Omega-3-Fettsäuren

Paprika-Walnuss-Aufstrich

ZUTATEN FÜR 4 PORTIONEN
20 MIN.
60 g Walnusskerne | 2–3 rote Spitzpaprikaschoten (ca. 200 g) | 1 Schalotte | 1 Knoblauchzehe | 3 Scheiben Toastbrot | 4 EL Olivenöl | Salz | Cayennepfeffer

Pro Portion ca. 260 kcal 41 g EW 22 g Fett 11 g KH

1. Die Walnüsse hacken. 1 TL zum Garnieren beiseitelegen. Spitzpaprika halbieren, putzen, waschen und in kleine Würfel schneiden. Schalotte und Knoblauch schälen und fein hacken. Toasts im Toaster goldbraun rösten, dann klein schneiden.

2. Paprikawürfel, Schalotte, Knoblauch und Toasts im Blitzhacker oder in einem hohen Becher mit dem Pürierstab fein pürieren. Walnüsse und Olivenöl dazugeben und alles fein zerkleinern. Mit Salz und Cayennepfeffer abschmecken. Aufstrich anrichten, mit den übrigen Walnüssen bestreut servieren. Haltbarkeit: 5–6 Tage im Kühlschrank.

Das schmeckt dazu: Misch- oder Walnussbrot

reich an Kalzium

Kräuter-Frischkäse-Creme

ZUTATEN FÜR 4 PORTIONEN
20 MIN.
2 EL Sonnenblumenkerne | 1/2 Bund Petersilie | 10–12 Basilikumblätter | 2 getrocknete Tomaten in Öl | 200 g Doppelrahm-Frischkäse | 3 EL Milch | Salz | Pfeffer

Pro Portion ca. 210 kcal 7 g EW 19 g Fett 3 g KH

1. Kerne in einer Pfanne ohne Fett anrösten und abkühlen lassen. Petersilie waschen und trocken schütteln. Die Blätter hacken. Basilikumblätter abreiben, 8 Blätter ebenfalls hacken. Tomaten abtropfen lassen und klein schneiden.

2. Kräuter, Tomaten und die Kerne bis auf 2 TL im Blitzhacker fein hacken. Mischung mit Frischkäse und Milch verrühren, salzen und pfeffern. Den Aufstrich mit den übrigen Kernen bestreuen. Mit restlichem Basilikum garniert servieren. Haltbarkeit: 3–4 Tage im Kühlschrank.

Variante: Für 4 Portionen Beef-Frischkäse-Creme 100 g Corned Beef (Dose) grob zerpflücken und mit 1 fein gewürfelten Schalotte fein pürieren. Mit 150 g Doppelrahm-Frischkäse vermischen, salzen, pfeffern und mit Kresse garnieren.

Mango-Himbeer-Konfitüre

ZUTATEN FÜR 2 GLÄSER (à ca. 200 ml)
10 MIN.
1 Stück reife Mango (ca. 130 g) | 1/2 Vanilleschote |
200 g Gelierzucker für kaltgerührte Fruchtaufstriche |
100 g Himbeeren | 1/2 Bio-Zitrone

Pro Portion (2 TL) ca. 45 kcal 0 g EW 0 g Fett 11 g KH

1. Die Mango schälen und in kleinen Würfeln vom Stein schneiden. Vanilleschote aufschlitzen, das Mark herauskratzen. Mit 100 g Mangofruchtfleisch und 100 g Gelierzucker in den Mixer oder eine hohe Rührschüssel geben und 45 Sek. im Mixer oder mit dem Pürierstab fein pürieren.

2. Die Himbeeren verlesen. Zitrone heiß waschen und abtrocknen. Die Hälfte der Schale abreiben, den Saft auspressen. Zitronenschale mit 2 TL Zitronensaft und dem übrigen Gelierzucker zu den Himbeeren geben und alles in 45 Sek. glatt pürieren. Die Hälfte der Himbeermasse in vorbereitete Gläser füllen. Die Mangomasse mit einem Löffel vorsichtig darauf verteilen. Darauf vorsichtig die restliche Himbeermasse geben. Gläser mit einem Twist-Off-Deckel verschließen und im Kühlschrank aufbewahren. Haltbarkeit: 2 Wochen im Kühlschrank.

ohne Kochen

Pink-Grapefruit-Gelee

ZUTATEN FÜR 4 GLÄSER (à ca. 200 ml)
25 MIN.
4 rosa Grapefruits | 50 ml Grenadinesirup |
500 g Gelierzucker 2:1

Pro Portion (2 TL) ca. 60 kcal 0 g EW 0 g Fett 14 g KH

1. Die Grapefruits auspressen. 700 ml Saft abmessen und in einem großen Topf mit dem Grenadinesirup und dem Gelierzucker verrühren.

2. Den Saft-Mix unter ständigem Rühren bei starker Hitze zum Kochen bringen. Nach Zucker-Packungsangabe 3–4 Min. sprudelnd kochen lassen, dabei weiterrühren.

3. Den heißen Saft sofort bis zum Rand in vorbereitete Gläser füllen. Gläser jeweils mit einem Twist-Off-Deckel verschließen und umdrehen. 5 Min. auf dem Deckel stehen lassen. Dann erneut umdrehen und Gelee abkühlen lassen. Haltbarkeit: 1 Jahr

Tuning-Tipp: Für eine frische Note nach 2 Min. Kochzeit 1 EL gehackte Zitronenmelisse oder Minze hinzufügen und noch 1 Min. mitkochen lassen.

für den Vorrat

Schokoladen-Nuss-Aufstrich

ZUTATEN FÜR 2 GLÄSER (à ca. 150 ml)
25 MIN.
100 g Haselnusskerne | 100 g Zartbitter- oder Vollmilch-schokolade | 150 g Sahne | 1 EL Kakaopulver | 2 EL brauner Zucker | 1 Msp. Zimtpulver

Pro Portion (2 TL) ca. 120 kcal 2 g EW 9 g Fett 7 g KH

1. Die Nüsse in einer Pfanne ohne Fett anrösten und abkühlen lassen, dann im Mixer oder Blitzhacker fein mahlen.

2. Die Schokolade hacken. Mit der Sahne in einen Topf geben und unter Rühren erhitzen, bis die Schokolade geschmolzen ist. Nüsse, Kakao, Zucker und Zimt zufügen und alles zu einer glatten Creme verrühren.

3. Die Schoko-Nuss-Masse in vorbereitete Gläser füllen, je-weils mit einem Twist-off-Deckel verschließen und vollständig auskühlen lassen. Haltbarkeit: 7 Tage im Kühlschrank .

Tuning-Tipp: Noch zusätzlich das ausgekratzte Mark von 1 Vanilleschote unter die Schokoladencreme rühren.

Ricotta-Aprikosen-Aufstrich

ZUTATEN FÜR 6 PORTIONEN (ca. 460 g)
10 MIN.
125 g getrocknete Softaprikosen | 6 EL Orangensaft | 1 Päckchen Bourbon-Vanillezucker | 1 EL brauner Zucker | 250 g Ricotta | 2 EL gemahlene Mandeln

Pro Portion ca. 170 kcal 6 g EW 8 g Fett 16 g KH

1. Die Aprikosen klein würfeln und mit dem Orangensaft, Vanil-lezucker und Zucker in den Mixer oder eine hohe Rührschüssel geben. Im Mixer oder mit dem Pürierstab fein pürieren.

2. Ricotta in eine Schüssel geben, Aprikosenpüree und Man-deln nach und nach untermischen. Die Masse in vorbereitete Gläser oder eine Frischhaltebox füllen und jeweils mit einem Twist-off- oder Plastikdeckel verschließen.
Haltbarkeit: 5–6 Tage im Kühlschrank.

Tuning-Tipp: Am besten frisch gepressten Orangensaft verwenden. 2 EL gehobelte Mandeln in einer Pfanne ohne Fett anrösten und abkühlen lassen. Brote oder Brötchen mit dem Aufstrich bestreichen, mit den gerösteten Mandeln bestreut servieren. Nach Belieben noch mit frischen Beeren garnieren.

ganz einfach

Rührei mit Flusskrebsen

ZUTATEN FÜR 4 PORTIONEN
20 MIN.
6 Eier (Größe M)
75 g Sahne
Salz | Pfeffer
1 1/2 EL Butter
1 Handvoll Kerbel
100 g Flusskrebsschwänze (ersatzweise Nordsee-Krabbenfleisch; Kühlregal)

Pro Portion ca. 230 kcal 14 g EW 18 g Fett 2 g KH

1. Die Eier in eine Schüssel aufschlagen und mit der Sahne mit einer Gabel leicht verquirlen, salzen und pfeffern.

2. Die Butter in einer beschichteten Pfanne schmelzen lassen. Eiermasse hineingießen und bei schwacher Hitze langsam stocken lassen. Dabei mit einem Pfannenwender vom Rand zur Mitte hin zusammenschieben.

3. Inzwischen den Kerbel waschen und trocken tupfen. Die Blätter abzupfen. Das Rührei auf vorgewärmte Teller gleiten lassen. Mit den Flusskrebsen und mit Kerbel bestreut servieren.

Kräuter-Omelett mit Käse

ZUTATEN FÜR 4 PORTIONEN
20 MIN.
6 Eier (Größe M)
6 EL Sahne
50 g italienische TK-Kräutermischung
Salz | Pfeffer
1 EL Kürbiskerne
125 g junger Gouda
1 EL Olivenöl

schön würzig

Pro Portion ca. 340 kcal 22 g EW 27 g Fett 3 g KH

1. Die Eier in eine Schüssel aufschlagen und mit der Sahne und den gefrorenen Kräutern verquirlen, salzen und pfeffern. Kürbiskerne in einer Pfanne anrösten und abkühlen lassen, dann hacken. Den Käse entrinden und grob raspeln.

2. Olivenöl in einer beschichteten Pfanne (Ø 26 cm) erhitzen. Die Hälfte der Eiermasse hineingeben und in 3–4 Min. stocken lassen. Omelett wenden, 1 Min. weiterbraten und mit der Hälfte vom Käse bestreuen. Omelett zusammenklappen, halbieren und auf einem Teller warm halten. Das zweite Omelett genauso zubereiten und halbieren. Omeletts mit den Kürbiskernen bestreut servieren.

Eier – wie man Frische erkennt und testet

Am besten schmecken Eier, wenn sie zwischen drei und zehn Tagen alt sind. Aber wie alt ist ein Ei? Auf dem Eierkarton steht zwar das Mindesthaltbarkeitsdatum und außerdem ein Datum, von dem an die Eier kühl aufbewahrt werden sollten. Nur die wichtigste Angabe, das Legedatum, findet man nicht auf der Packung. Da hilft nur eins: Kopfrechnen! Sie nehmen das Mindesthaltbarkeitsdatum, rechnen 28 Tage zurück, und schon haben Sie das Legedatum.

Eierfrischetest: Legen Sie ein rohes Ei in ein Glas mit Wasser. Ein ganz frisches Ei bleibt am Boden liegen, ältere Eier stellen sich auf die Spitze, ganz alte schwimmen oben. Auch durch Aufschlagen können Sie die Frische prüfen: Der Dotter ist bei einem frischen Ei hochgewölbt und straff, bei älteren Eiern liegt er flach, und das Eiweiß fließt wässrig-flüssig auseinander.

Good morning, America! Fluffig, leicht und goldbraun
gebacken liebt man die kleinen Pfannkuchen in den USA zum Frühstück.
Mit frischen Früchten und einem Schuss Ahornsirup
versüßen sie auch bei uns schon morgens den Tag.

Pancakes mit Erdbeersalat

ZUTATEN FÜR 4 PORTIONEN
45 MIN.

250 g kleine Erdbeeren | 2 Kiwis
4 EL Ahornsirup
2 EL Limettensaft
100 g feines Weizenvollkornmehl
100 g Weizenmehl (Type 550)
2 gestrichene TL Backpulver
2 EL brauner Zucker
3 Eier (Größe M) | 200 ml Buttermilch
1–2 EL Butterschmalz zum Braten

Pro Portion ca. 400 kcal 13 g EW 11 g Fett 61 g KH

1. Erdbeeren waschen, entkelchen und nach Belieben halbieren oder
vierteln. Kiwis schälen und klein schneiden. Früchte mit dem Ahornsirup
und Limettensaft mischen.

2. Beide Mehlsorten, Backpulver und Zucker in einer Schüssel mischen.
Eier und Buttermilch dazugeben und alles mit dem Schneebesen zu
einem glatten Teig verrühren.

3. Das Butterschmalz portionsweise in einer großen beschichteten
Pfanne erhitzen. Den Teig esslöffelweise hineingeben und daraus bei
mittlerer Hitze in jeweils 3 Min. von jeder Seite kleine, goldbraune Pfannkuchen backen. Fertige Pancakes jeweils aus der Pfanne heben, auf
Küchenpapier kurz entfetten und im heißen Ofen bei 100° (Umluft 80°)
warm halten. Pancakes mit dem Obstsalat servieren.

Tuning-Tipp: 300 g Joghurt mit 1 Päckchen Bourbon-Vanillezucker
verrühren und mit dem Obstsalat zu den Pancakes servieren.

Variante: Für Pancakes mit Bacon und Tomaten den Teig wie im
Rezept beschrieben ohne Zucker, aber mit 1/2 TL Salz zubereiten und zu
kleinen Pfannkuchen backen. In einer Pfanne 150 g Bacon knusprig braten, herausnehmen. Dann die Pancakes wie beschrieben im Speckfett
backen. 500 g Kirschtomaten waschen und vierteln und in 1 EL Olivenöl
5 Min. dünsten. Mit 1 EL Aceto balsamico, Salz und Pfeffer würzen.
Tomatensugo und Bacon zu den Pancakes servieren.

für
Sonntags

Das steckt drin!

Vitamin B$_1$ hilft Kohlenhydrate
abzubauen und versorgt Muskeln
und Nerven rasch mit Energie. Das
erhöht den Stoffwechsel der Zellen
und stärkt somit die Konzentrati-
on und körperliche Kondition. Da
das Vitamin in pflanzlichen und
tierischen Lebensmitteln vorkommt,
kann man mit einer ausgewogenen
Mischkost den Tagesbedarf von
1 bis 1,3 mg problemlos decken.

So viel Vitamin B$_1$ steckt in 100 g:
Schweinefleisch 0,80 mg
Linsen 0,48 mg
Weizenvollkornmehl 0,47 mg

Bayerische Brotzeit

ZUTATEN FÜR 4 PORTIONEN
20 MIN.
400 g Radieschen, rote Eiszapfen oder Rettich | Salz |
200 g Emmentaler am Stück | edelsüßes Paprikapulver |
4 Laugenbrezeln | 8 TL Butter | 8 TL süßer Senf |
160 g Bio-Leberkäse (in dünnen Scheiben)

Pro Portion ca. 520 kcal 25 g EW 35 g Fett 27 g KH

1. Radieschen, Eiszapfen oder Rettich putzen, waschen bzw.
schälen, in 1/2 cm dicke Scheiben schneiden oder hobeln und
mit etwas Salz bestreuen. Käse in 1 cm große Würfel schneiden
und fein mit Paprikapulver bestäuben. Käse und Radieschen,
Eiszapfen oder Rettich zum Mitnehmen in eine Box legen.

2. Die Brezeln aufschneiden. Die Hälften erst mit jeweils
1 TL Butter, dann mit je 1 TL Senf bestreichen. Die Leberkäse-
scheiben leicht überlappend auf die unteren Brezelhälften
legen, mit den oberen Hälften abdecken. Die Brezeln zum
Mitnehmen separat in Pergamentpapier wickeln.

Austausch-Tipp: Anstatt der Brezeln können Sie auch
anderes Laugengebäck wie Brötchen oder Hörnchen nehmen.

Schmankerl aus der Box

Puten-Wrap mit Avocado

ZUTATEN FÜR 4 PORTIONEN
20 MIN.
100 g Frischkäse mit Joghurt | 1 EL Mango-Chutney (Glas) |
Salz | Pfeffer | 4 Weizen-Tortillas (Ø 20 cm) | 1 Mini-Römer-
salat | 150 g gegarter, gegrillter Putenbrustfilet-Aufschnitt |
1 reife Avocado | 1 Beet Kresse

Pro Portion ca. 340 kcal 18 g EW 14 g Fett 34 g KH

1. Den Frischkäse mit dem Chutney verrühren, salzen und
pfeffern. Die Tortillas mit der Frischkäsecreme bestreichen,
dabei rundherum einen 1 cm breiten Rand frei lassen.

2. Den Salat putzen, waschen und trocken schleudern. Blätter
mundgerecht zerzupfen. Tortillas mit Salat belegen. Den Puten-
aufschnitt darauf verteilen.

3. Die Avocado halbieren, entsteinen und schälen. Fruchtfleisch in schmale Spalten schneiden und auf den Tortillas
verteilen. Kresse abschneiden und obendrauf streuen. Tortillas
fest aufrollen, schräg halbieren und am unteren Ende in Pergamentpapier gewickelt servieren.

auch fürs Picknick

mit-
nehmen &
dippen

Brot-Chips mit Tomaten-Dip

ZUTATEN FÜR 4 PORTIONEN
20 MIN.
300 g Tomaten | 2 EL Sesam | 150 g Magerquark |
1 EL Tomatenmark | 4 TL Olivenöl | 3–4 Stängel Basilikum |
Salz | Pfeffer | 200 g Baguette

Pro Portion ca. 305 kcal 11 g EW 15 g Fett 31 g KH

1. Die Tomaten waschen, vom Stielansatz befreien, vierteln,
entkernen und fein würfeln. Den Sesam in einer Pfanne ohne
Fett anrösten und abkühlen lassen.

2. Den Quark mit dem Tomatenmark und 2 TL Olivenöl glatt
rühren. Tomatenstücke und Sesam dazugeben. Basilikumblätter abzupfen, abreiben, fein hacken und unterziehen. Creme
mit Salz und Pfeffer abschmecken.

3. Das Baguette in 1/2 cm dünne Scheiben schneiden. In einer
großen beschichteten Pfanne das übrige Olivenöl erhitzen, die
Brotscheiben darin von beiden Seiten in 2–3 Min. goldbraun
braten. Zum Mitnehmen den Dip in kleine, verschließbare
Dosen füllen. Die Baguette-Chips extra verpacken und zum
Dippen dazu reichen.

süßer
Pausen-
traum

Vanillequark mit Kaki

ZUTATEN FÜR 4 PORTIONEN
15 MIN.
2 reife Kakifrüchte | 2 EL Zitronensaft | 250 g Magerquark |
200 g Vanillequark | 2 TL flüssiger Honig | 2 EL Pistazien-
kerne

Pro Portion ca. 235 kcal 13 g EW 6 g Fett 30 g KH

1. Den Stielansatz von den Kakis entfernen. Die Früchte längs
halbieren und das weiche Fruchtfleisch mit einem Löffel
herausheben. Mit dem Zitronensaft im Mixer oder in einem
hohen Becher mit dem Pürierstab glatt pürieren.

2. Den Quark mit dem Vanillequark und dem Honig glatt rühren. Zum Mitnehmen in Twist-Off-Gläser oder Frischhalteboxen
füllen. Das Kakipüree vorsichtig daraufgeben. Die Pistazien
hacken und aufstreuen. Glas oder Box gut verschließen.

Austausch-Tipp: Statt der Kaki Sharonfrüchte, eine Zucht-
form der Kaki aus Israel, nehmen. Wenn die Früchte superreif
sind, können Sie die Schale beim Zerkleinern dranlassen.
Außerhalb der Kaki-Saison sind Aprikosen oder Pfirsiche aus
der Dose eine leckere Alternative.

Schinken-Melonen-Tramezzini

ZUTATEN FÜR 4 PORTIONEN
20 MIN.
200 g Halbfett-Frischkäse
1–2 TL Zitronensaft
Salz | Pfeffer
8 Scheiben Vollkorn-Sandwich-
toastbrot
12 Basilikumblätter
100 g luftgetrockneter Schinken
(in dünnen Scheiben; z. B. Parma-
oder Serranoschinken)
1 Stück Honigmelone (ca. 250 g)

Pro Portion ca. 245 kcal 18 g EW
8 g Fett 26 g KH

1. Den Frischkäse mit Zitronensaft, Salz und Pfeffer würzen und glatt rühren, auf die Toastscheiben streichen. Basilikumblätter abreiben. 4 Scheiben Toast mit je 2 Basilikumblättern belegen, Schinken darauf verteilen.

2. Die Melone entkernen, schälen und quer in dünne Scheiben schneiden, Scheiben auf die belegten Brote verteilen. Nach Belieben die Melonen noch mit Pfeffer übermahlen und mit dem übrigen Basilikum belegen. Die belegten Toasts jeweils mit einer zweiten Toastscheibe bedecken und diese gut andrücken. Die Toasts diagonal halbieren und zum Mitnehmen in Klarsichtfolie einpacken, damit sie nicht austrocknen und saftig bleiben.

Variante: Für 4 Schinken-Ananas-Tramezzini Toasts wie beschrieben mit Frischkäse, 4 Toasts zusätzlich mit körnigem Senf bestreichen, mit je 1 Scheibe gekochtem Schinken belegen. 1 Babyananas putzen, schälen und in dünne Scheiben schneiden, auf den Schinken legen. Mit übrigen Toasts bedecken.

Ciabatta mit Schweinebraten

**ZUTATEN FÜR 4 PORTIONEN
20 MIN.**
4 Artischockenherzen (Dose;
ca. 150 g) | 2 Tomaten
4 große Ciabatta-Brötchen
2 EL Mayonnaise
1 EL Joghurt
1 TL Basilikum-Pesto
Salz | Pfeffer
150 g Schweinekrustenbraten-
Aufschnitt
2 Stängel Basilikum

Pro Portion ca. 225 kcal 7 g EW
7 g Fett 33 g KH

1. Artischockenherzen abtropfen lassen und vierteln. Tomaten waschen, vom Stielansatz befreien und in Scheiben schneiden. Ciabattas einschneiden und aufklappen, die Schnittflächen 2–3 Min. auf dem Toaster rösten.

2. Inzwischen Mayonnaise mit Joghurt und Pesto verrühren, salzen und pfeffern. Die Creme auf die unteren Brötchenhälften streichen und mit Tomaten, Artischocken und Bratenscheiben belegen. Die Basilikumblätter abzupfen, abreiben und darauflegen. Alles mit der zweiten Ciabattahälfte bedecken.

Variante: Für Panini mit Mozzarella und Tomaten 4 runde Brötchen quer durchschneiden, Schnittflächen auf dem Toaster rösten. 4 Tomaten waschen und mit 250 g Mozzarella in dünne Scheiben schneiden. Brötchenhälften mit 2 EL Olivenöl beträufeln, untere Hälften mit je 1 Kopfsalatblatt belegen. Darauf Tomaten- und Mozzarellascheiben schichten, leicht pfeffern und mit 2 EL Olivenöl beträufeln. Mit Basilikum belegen und mit übrigen Hälften bedecken.

Lachs-Bagel

ZUTATEN FÜR 4 PORTIONEN
20 MIN.
150 g Doppelrahm-Frischkäse | 2 EL saure Sahne |
2 EL körniger Senf | Salz | Pfeffer | 1 Bio-Minigurke |
4 Kürbiskern- oder Sesam-Bagel (möglichst Vollkorn) |
4 Kopfsalatblätter | 150 g Graved-Lachs in dünnen Scheiben

Pro Portion ca. 510 kcal 21 g EW 25 g Fett 49 g KH

1. Den Frischkäse mit saurer Sahne und Senf verrühren, salzen
und pfeffern. Die Gurke waschen, abtrocknen und in sehr
dünne Scheiben schneiden oder hobeln.

2. Bagels quer halbieren, Schnittflächen mit Frischkäsecreme
bestreichen. Salatblätter waschen, putzen und trocken tupfen.
Je 1 Blatt auf die unteren Hälften legen. Lachs und 6 Gurkenscheiben darauf verteilen. Jeweils übrige Hälften auflegen.

Variante: Für 4 Schinken-Bagel 4 Bagels quer halbieren,
beide Hälften mit 200 g Meerrettich-Frischkäse (Kühlregal)
bestreichen. 150 g Lachsschinken ohne Fettrand in dünnen
Scheiben darauflegen und mit 50 g Sprossen-Mix (Kühlregal)
bestreuen. Jeweils die zweite Bagelhälfte auflegen.

Thunfisch-Brot

ZUTATEN FÜR 4 PORTIONEN
20 MIN.
200 g Ricotta | 2 EL Milch | Salz | Pfeffer | 8 getrocknete
Tomaten in Öl | 1 Dose Thunfisch im eigenen Saft
(ca. 140 g Abtropfgewicht) | 8 Scheiben Mischbrot |
2 Stängel Petersilie

Pro Portion ca. 365 kcal 20 g EW 11 g Fett 43 g KH

1. Den Ricotta mit der Milch cremig rühren und mit Salz und
Pfeffer würzen. Tomaten abtropfen lassen und in feine Streifen
schneiden. Den Thunfisch ebenfalls abtropfen lassen und
zerpflücken.

2. Alle Brotscheiben mit der Ricottacreme bestreichen,
4 davon mit Tomaten und Thunfisch belegen. Petersilie waschen und trocken schütteln. Die Blätter abzupfen und auf die
belegten Brote verteilen. Jeweils die übrigen Brote auflegen,
halbieren und leicht auf die Füllung drücken.

Tuning-Tipp: 1 EL Pinienkerne in einer Pfanne ohne Fett
goldbraun anrösten und auf den Thunfisch streuen.

Klassisch
gut

einfach
lecker

reich an Beta-Carotin

Möhren-Kornspitz

ZUTATEN FÜR 4 PORTIONEN
20 MIN.

4 Eier (Größe M) | 1 Möhre | 1/2 Bund Schnittlauch |
200 g körniger Frischkäse | 1 EL weiche Butter | Salz |
Pfeffer | 4 große Kornspitzbrötchen

Pro Portion ca. 340 kcal 21 g EW 13 g Fett 35 g KH

1. Die Eier anpiksen und in kochendem Wasser in 8–10 Min.
hart kochen. Kalt abschrecken und abkühlen lassen.

2. Möhre putzen, schälen und fein raspeln. Schnittlauch waschen, trocken schütteln und in Röllchen schneiden. Frischkäse und Butter verrühren, Möhren und Schnittlauch darunter
mischen. Aufstrich mit Salz und Pfeffer abschmecken.

3. Die Brötchen aufschneiden, Möhren-Frischkäse auf alle
Hälften streichen. Die Eier pellen, quer in Scheiben schneiden
und auf die unteren Hälften legen. Jeweils mit den übrigen
Kornspitzhälften bedecken und diese leicht andrücken.

Speed-Tipp: Am Vorabend die Eier hart kochen und den
Möhren-Aufstrich zubereiten, über Nacht kühl stellen.

Kerniges Käse-Brötchen

ZUTATEN FÜR 4 PORTIONEN
15 MIN.

4 große längliche Vollkornbrötchen | 8 TL Tomatenmark |
1 Mini-Römersalat | 4 Scheiben Chili-Käse (ca. 140 g) |
1 rote Spitzpaprikaschote | Pfeffer | 1 Beet Kresse

Pro Portion ca. 260 kcal 11 g EW 14 g Fett 20 g KH

1. Die Brötchen aufschneiden und alle Schnittflächen mit je
1 TL Tomatenmark bestreichen. Salat putzen, waschen und
trocken schleudern. Blätter mundgerecht zerzupfen. Die unteren Brötchenhälften erst mit Salat, dann mit je 1 Scheibe Käse
belegen.

2. Spitzpaprika halbieren, putzen, waschen und in feine
Ringe schneiden. Ringe auf die belegten Hälften verteilen, mit
Pfeffer würzen. Kresse vom Beet schneiden, daraufstreuen und
jeweils die übrigen Brötchenhälften auflegen.

Austausch-Tipp: Sie können die Spitzpaprika durch
1 Bio-Minigurke oder 8 Radieschen, jeweils in dünne Scheiben
geschnitten, ersetzen.

mit Pep!

Salate
& Snacks

Jetzt wird's richtig bunt: Knackige Salatblätter, Gemüse, Früchte und Kräuter nach Lust und Laune kombiniert – zum Anbeißen!

Blitzrezepte

Bistro-Hit

Gebackener Camembert

ZUTATEN FÜR 4 PORTIONEN
25 MIN.

4 runde Camemberts (à ca. 80 g) | 2 Eier (Größe M) |
3 EL Mehl | 4 EL Semmelbrösel | 100 g Butter-
schmalz | 300 g Salatmischung (Fertigprodukt) |
2 EL Aceto balsamico | 1 TL scharfer Senf | Salz | Pfeffer |
3 EL Olivenöl | 1 EL Walnussöl

Pro Portion ca. 690 kcal 20 g EW 61 g Fett 9 g KH

1. Vom Camembert die Rinde etwas abschaben, die Käse
halbieren. Drei tiefe Teller bereitstellen. Im ersten die Eier
verquirlen, auf den zweiten das Mehl, auf den dritten die
Semmelbrösel geben. Käsehälften nacheinander in Mehl,
Eiern und Bröseln wenden.

2. Butterschmalz erhitzen. Käsestücke darin in 3 Min. von
jeder Seite goldbraun ausbacken. Auf Küchenpapier kurz
entfetten.

3. Inzwischen die Salatmischung waschen, trocken schleudern und auf vier Tellern anrichten. Essig mit 2 EL Wasser,
Senf, Salz, Pfeffer, Oliven- und Nussöl zu einer Marinade
rühren und über den Salat träufeln. Käse darauf anrichten.

Bohnen-Paprika-Salat

ZUTATEN FÜR 4 PORTIONEN
15 MIN.

je 1 Dose dicke weiße Bohnen und rote Kidneybohnen
(à 250 g Abtropfgewicht) | 150 g geröstete rote und
gelbe Paprika (Glas; geschält und mariniert) | 2 rote
Zwiebeln | 3–4 EL Weißweinessig | 3 EL Olivenöl |
6 Salbeiblätter | 1 Knoblauchzehe | Salz | Pfeffer

Pro Portion ca. 210 kcal 9 g EW 10 g Fett 20 g KH

1. Die Bohnen in ein Sieb abgießen, kalt abbrausen und
abtropfen lassen. Paprika abtropfen lassen und in 1 cm
breite Streifen schneiden. Zwiebeln schälen und in dünne
Streifen schneiden. Bohnen, Paprika und Zwiebeln mit dem
Essig vermischen.

2. Das Öl in einer Pfanne erhitzen. Salbeiblätter abreiben
und fein hacken. Knoblauch schälen und fein würfeln. Salbei und Knoblauch im heißen Öl kurz dünsten und unter die
Bohnen mischen. Salat salzen, pfeffern und servieren.

reich an Magnesium

Tomaten-Schinken-Toast

ZUTATEN FÜR 4 PORTIONEN
15 MIN. + 15 MIN. BACKEN

2 Frühlingszwiebeln | 6 Basilikumblätter | 1 kleine Dose stückige Tomaten (ca. 210 g) | Salz | Pfeffer | 1/2 TL getrockneter Oregano | 60 g Scamorza (geräucherter Mozzarella) | 8 Scheiben Vollkorn-Sandwichtoastbrot | 4 Scheiben gekochter Schinken

Pro Portion ca. 215 kcal 18 g EW 7 g Fett 20 g KH

1. Die Frühlingszwiebeln putzen, waschen und in feine Ringe schneiden. Basilikumblätter abreiben und klein schneiden. Tomaten, Frühlingszwiebeln und Basilikum mischen. Mit Salz, Pfeffer und Oregano würzen.

2. Den Sandwich-Toaster vorheizen. Scamorza entrinden, grob raspeln und unter den Tomaten-Mix rühren. Mischung auf 4 Toasts verteilen und mit je 1 Scheibe Schinken belegen. Mit den übrigen Brotscheiben bedecken und leicht andrücken. Im heißen Sandwich-Toaster in 4–5 Min. goldbraun toasten und heiß servieren.

Tipp: Wer keinen Sandwich-Toaster hat, kann die gefüllten Brote in einer Pfanne in 1–2 EL Olivenöl auf beiden Seiten goldbraun braten.

Hähnchen tonnato

ZUTATEN FÜR 4 PORTIONEN
15 MIN.

1 Dose Thunfisch im eigenen Saft (ca. 140 g Abtropfgewicht) | 3 EL Salat-Mayonnaise | 150 g Joghurt | 1 TL Senf | 1–2 TL Zitronensaft | Salz | Pfeffer | 250 g Hähnchenbrust-Aufschnitt (gebraten) | 1 Chicorée | 200 g Kirschtomaten | 4 TL kleine Kapern

Pro Portion ca. 225 kcal 24 g EW 11 g Fett 5 g KH

1. Den Thunfisch abtropfen lassen und zerpflücken. Mit Mayonnaise, Joghurt, Senf und Zitronensaft in einem hohen Becher mit dem Pürierstab oder im Mixer fein pürieren. Thunfischsauce mit Salz und Pfeffer abschmecken.

2. Den Hähnchenaufschnitt auf Tellern auslegen und mit der Sauce beträufeln. Chicorée waschen, halbieren, putzen und in 1 cm breite Streifen schneiden. Tomaten waschen und vierteln oder in kleine Scheiben schneiden. Chicorée, Tomaten und Kapern über dem Aufschnitt und der Sauce verteilen. Nach Belieben noch mit Pfeffer übermahlen und mit Zitronenscheiben garniert servieren.

Blattsalat mit Tomate

ZUTATEN FÜR 4 PORTIONEN
20 MIN.
1 kleiner Kopf Lollo rosso | 75 g Rucola | 250 g Kirsch-
tomaten | 3 EL milder Weiß- oder Rotweinessig | 1/2 TL
Sardellenpaste (Tube; ersatzweise 1 Sardellenfilet, fein
gehackt) | Salz | Pfeffer | 5 EL Olivenöl | 1 Schalotte

Pro Portion ca. 180 kcal 1 g EW 15 g Fett 6 g KH

1. Salat und Rucola putzen, waschen und trocken schleudern.
Salatblätter mundgerecht zerzupfen. Vom Rucola grobe Stängel abknipsen. Tomaten waschen und halbieren.

2. In einer Schüssel den Essig mit Sardellenpaste, Salz und
Pfeffer verrühren. Das Öl nach und nach mit dem Schneebesen
unterrühren, bis eine cremige Sauce entstanden ist. Schalotte
schälen und fein würfeln, hinzufügen. Salat, Rucola und Tomaten in die Vinaigrette geben und vorsichtig darin wenden. Auf
Tellern anrichten.

Tuning-Tipp: 30 g Parmesankäse am Stück mit einem Ge-
müsehobel hauchdünn über den Salat hobeln.

Endivien mit Clementinen

reich an Vitamin C

ZUTATEN FÜR 4 PORTIONEN
20 MIN.
2 EL Kerne-Mix (z. B. Pinien-, Sonnenblumen- und Kürbis-
kerne) | 1/2 Endiviensalat (ca. 350 g) | 3 Clementinen |
2 EL Zitronensaft | 150 g Joghurt | Salz | Pfeffer |
2 EL Rapsöl

Pro Portion ca. 135 kcal 4 g EW 10 g Fett 7 g KH

1. Die Kerne in einer Pfanne ohne Fett anrösten und abkühlen
lassen. Endiviensalat putzen, waschen und trocken schleudern. Die Blätter in 1 cm breite Streifen schneiden. 1 Clemen-
tine halbieren, den Saft auspressen. Die übrigen Früchte
schälen, in Segmente teilen oder filetieren und die Stücke
nochmals halbieren.

2. Für das Dressing Clementinen- und Zitronensaft mit Joghurt,
Salz, Pfeffer und Öl verrühren. Salat mit den Clementinenstück-
chen mischen, anrichten und die Sauce darüberträufeln. Mit
den Kernen bestreut servieren.

Austausch-Tipp: Auch Orange oder rosa Grapefruit harmo-
nieren perfekt mit der dezent-bitteren Note des Endiviensalats.

raffiniert

Römersalat mit Frischkäse

ZUTATEN FÜR 4 PORTIONEN
20 MIN.

100 g Doppelrahm-Frischkäse | 150 g Kefir | 3 EL Olivenöl |
2 EL Balsamico bianco | 1/2 TL flüssiger Honig | Salz |
Pfeffer | 4 Scheiben Baguette | 4 Mini-Römersalate |
2 kleine Knollen Rote Bete (vakuumverpackt; Kühlregal)

Pro Portion ca. 280 kcal 8 g EW 19 g Fett 19 g KH

1. Den Frischkäse mit dem Kefir, 2 EL Olivenöl, Essig und Honig
in einem hohen Becher mit dem Pürierstab oder im Mixer fein
pürieren. Dressing salzen und pfeffern.

2. Baguette in 1,5 cm große Würfel schneiden. Übriges Öl in
einer beschichteten Pfanne erhitzen, die Brotwürfel darin bei
mittlerer Hitze in 5 Min. goldbraun rösten. Mit Salz würzen.

3. Salate von den äußeren Blättern befreien, halbieren, putzen
und die Hälften dritteln. Rote Bete in dünne Scheiben schneiden. Salatspalten und Rote Bete auf Tellern anrichten. Mit dem
Dressing beträufeln, pfeffern. Croûtons darauf verteilen.

Feldsalat mit Sprossen

ZUTATEN FÜR 4 PORTIONEN
20 MIN.

2 EL Sesam | 200 g Feldsalat | 125 g gemischte Sprossen
(z. B. Linsen, Mungobohnen, Radieschen, Alfalfa; Kühl-
regal) | 1 kleine rote Zwiebel | 1 Bio-Limette | 1 TL Zucker |
2 EL Sojasauce | Pfeffer | 4 EL Erdnuss- oder Rapsöl

Pro Portion ca. 170 kcal 4 g EW 15 g Fett 5 g KH

1. Den Sesam in einer Pfanne ohne Fett anrösten und abkühlen lassen. Feldsalat putzen, waschen und trocken schleudern.
Sprossen kurz abbrausen, abtropfen lassen. Zwiebel schälen
und fein würfeln. Die Limette heiß waschen, abtrocknen und
1 TL Schale fein abreiben, den Saft auspressen.

2. Für das Dressing 4 EL Limettensaft mit 2 EL Wasser, Zucker,
Sojasauce, Pfeffer und Limettenschale verrühren. Das Öl nach
und nach mit dem Schneebesen unterrühren. Feldsalat, Zwiebeln und Sprossen in dem Dressing wenden. Alles auf Tellern
anrichten und mit dem Sesam bestreut servieren.

Tuning-Tipp: Die Marinade zusätzlich mit 1 EL süßer Chilisauce schärfen, dann den Honig weglassen.

mal asiatisch

Quer durch den Garten pflücken oder auf dem Markt einsammeln, was gerade Saison hat: An heißen Tagen, wenn man nicht viel Hunger, aber Appetit auf eine Kleinigkeit hat, ist eine Schüssel voll Rohkost genau das Richtige – und supergesund.

Gemischter Sommersalat

ZUTATEN FÜR 4 PORTIONEN
35 MIN.
250 g gemischte Blattsalate (z. B. Kopfsalat, Eichblattsalat, Lollo rosso, Batavia, Radicchio, Rucola)
1 Bund Radieschen
2 Bio-Minigurken
100 g Kirschtomaten
2 Möhren
je 1 rote und gelbe Spitzpaprikaschote
3 EL Weißweinessig
2 EL Zitronensaft
1 EL Senf
Salz | Pfeffer
4–6 EL Olivenöl

Pro Portion ca. 210 kcal 3 g EW 19 g Fett 7 g KH

1. Die Salatblätter waschen, putzen und trocken schleudern. Die Blätter mundgerecht zerzupfen. Die Radieschen putzen, waschen und in dünne Scheiben schneiden.

2. Die Gurken waschen, abtrocknen und in dünne Scheiben schneiden. Die Tomaten waschen und halbieren. Die Möhren schälen und in feine Stifte schneiden. Spitzpaprika halbieren, putzen, waschen und in kleine Würfel schneiden.

3. Für die Marinade den Essig mit dem Zitronensaft, Senf, Salz und Pfeffer verrühren. Das Öl nach und nach mit dem Schneebesen unterrühren. Das Dressing über die Salatzutaten gießen und alles behutsam mischen. Sommersalat sofort servieren.

Das schmeckt dazu: Baguette

Tuning-Tipp: Zu einer kompletten Mahlzeit wird der Salat, wenn Sie noch je 100 g Schnittkäse und gekochten Schinken in Streifen schneiden und mit unter den Salat mischen. Zusätzlich können Sie noch 2 Scheiben Weißbrot ca. 1 cm groß würfeln und in 1 EL Butter rundherum knusprig bräunen. Croûtons lauwarm über den Salat streuen.

Das steckt drin!

Sekundäre Pflanzenstoffe sind Substanzen in Obst, Gemüse und Getreide, die Pflanzen zu ihrem eigenen Schutz bilden. Sie sorgen auch rundherum für unser Wohlbefinden: Sekundäre Pflanzenstoffe stärken unser Immun- und Herz-Kreislauf-System, senken das Infektionsrisiko durch Bakterien und Viren und beugen Krebs vor. Am bekanntesten sind Carotinoide, sie geben z. B. Möhren, Tomaten, Paprika und Aprikosen die leuchtende Farbe. Auch scharfe Geschmacksstoffe in Zwiebel, Radieschen, Meerrettich und Senf zählen zu den sekundären Pflanzenstoffen und halten uns gesund.

für Feste und Gäste

Gurkensalat

ZUTATEN FÜR 4 PORTIONEN
20 MIN.
2 Bio-Salatgurken (à ca. 400 g) | Salz | 4 Frühlings-
zwiebeln | 250 g saure Sahne | 6 EL Balsamico bianco |
Pfeffer | 1 Bund Dill

Pro Portion ca. 235 kcal 3 g EW 20 g Fett 8 g KH

1. Die Gurken waschen, putzen, streifig schälen und in dünne
Scheiben hobeln. In einer Schüssel mit etwas Salz mischen,
10 Min. ziehen lassen, dann die Gurken auf einem Sieb abtropfen lassen.

2. Inzwischen die Frühlingszwiebeln putzen, waschen und in
feine Ringe schneiden. Für das Dressing saure Sahne, Essig
und Pfeffer verrühren. Dill waschen und trocken schütteln. Die
Blättchen abzupfen und bis auf ein paar Spitzen hacken und
untermischen. Die Gurken mit dem Dressing mischen, Frühlingszwiebeln unterheben und mit dem übrigen Dill garniert
servieren.

Das schmeckt dazu: Gebratenes Fischfilet oder Frikadellen

reich an
Kalium

Bunter Tomatensalat

ZUTATEN FÜR 4 PORTIONEN
20 MIN.
8 EL gewürzter Tomatensaft (z. B. Sangrita) | 2–3 EL Aceto
balsamico | Salz | Pfeffer | 2 EL Olivenöl | 800 g rote oder
rote und gelbe Kirschtomaten | 100 g Staudensellerie |
1 kleine rote Zwiebel | 30 g Rucola

Pro Portion ca. 110 kcal 3 g EW 7 g Fett 10 g KH

1. Für das Dressing Tomatensaft, Essig, Salz, Pfeffer und
Olivenöl verrühren. Tomaten waschen und halbieren. Sellerie
waschen, putzen und in dünne Scheibchen schneiden. Zwiebel
schälen und klein würfeln.

2. Tomaten, Sellerie und Zwiebeln unter das Dressing mischen,
salzen und pfeffern. Rucola waschen und trocken schütteln,
grobe Stängel abknipsen. Blätter grob hacken. Den Salat mit
Rucola bestreut servieren.

Das schmeckt dazu: Kurzgebratenes Fleisch, z. B. Rump-
steak, Entrecôte oder Lammkoteletts und Ciabatta-Croûtons
(Rezept Seite 50)

schmeckt
nach
Sommer

Krautsalat mit Apfel

ZUTATEN FÜR 4 PORTIONEN
20 MIN.

1 Spitzkohl (ca. 750 g) | 3 EL Weißweinessig | Salz | Pfeffer |
1 TL Zucker | 1 roter Apfel | 1 Bund Schnittlauch | 4 EL Rapsöl

Pro Portion ca. 160 kcal 3 g EW 13 g Fett 8 g KH

1. Den Kohl vierteln, Strunk herausschneiden, die Stücke quer in sehr dünne Streifen schneiden. In einer großen Schüssel Essig mit 1 TL Salz, Pfeffer und dem Zucker gut verrühren. Kohlstreifen dazugeben und 2–3 Min. mit den Händen verkneten.

2. Den Apfel gut waschen, achteln, entkernen und quer in dünne Scheibchen schneiden. Schnittlauch waschen, trocken schütteln und in feine Röllchen schneiden. Schnittlauch mit dem Apfel unterheben. Salat mit Salz und Pfeffer abschmecken, das Öl untermischen und alles vor dem Servieren 10 Min. ziehen lassen.

Das schmeckt dazu: Schweinebraten oder Bratwürste

Tuning-Tipp: 75 g durchwachsenen Räucherspeck würfeln, kross braten und samt Speckfett über dem Salat verteilen.

Mediterraner Gemüsesalat

gut vorzubereiten

ZUTATEN FÜR 4 PORTIONEN
35 MIN.

je 1 rote und gelbe Paprikaschote | 200 g kleine Zucchini |
1 kleine Aubergine | 2 Knoblauchzehen | 5 EL Olivenöl |
Salz | Pfeffer | 3–4 EL Balsamico bianco | 3 EL Gemüsefond (Glas; ersatzweise Brühe) | 1 Bund Basilikum

Pro Portion ca. 190 kcal 2 g EW 15 g Fett 9 g KH

1. Backofen auf 220° (Umluft 200°) vorheizen. Paprikaschoten vierteln, entkernen, waschen und in 1–2 cm breite Streifen schneiden. Zucchini waschen, putzen und in 1 cm dicke Scheiben schneiden. Aubergine putzen, waschen, längs vierteln und in 2 cm große Stücke schneiden. Knoblauch schälen und in Scheiben schneiden. Das Gemüse mit Knoblauch in einer Schüssel mit 4 EL Olivenöl mischen, salzen und pfeffern.

2. Ein Backblech im Ofen (2. Schiene von unten) 5 Min. erhitzen, mit Backpapier belegen. Gemüse daraufgeben und im Ofen 15 Min. rösten. Inzwischen Essig mit Fond, Salz und Pfeffer verrühren, übriges Öl unterrühren. Gemüse aus dem Ofen in einer Schüssel mit der Vinaigrette mischen. Basilikumblätter abzupfen, abreiben und aufstreuen. Salat lauwarm servieren.

Wassermelonensalat mit Feta

ZUTATEN FÜR 4 PORTIONEN
25 MIN.
2 EL Salatkerne-Mix | 750 g Wassermelone |
1/2 Salatgurke (ca. 200 g) | 3 Frühlingszwiebeln |
150 g Schafkäse (Feta) | 3–4 Stängel Minze |
2 EL Zitronensaft | 1 EL Balsamico bianco | Salz |
Pfeffer | 4 EL Olivenöl

Pro Portion ca. 280 kcal 9 g EW 21 g Fett 13 g KH

1. Die Kerne in einer Pfanne anrösten und abkühlen lassen. Die Melone schälen, entkernen und in grobe Stücke
schneiden. Die Gurke putzen, schälen, längs halbieren
und die Kerne herausschaben. Die Hälften in 1 cm dicke
Scheiben schneiden. Frühlingszwiebeln putzen, waschen
und in feine Ringe schneiden. Feta grob zerbröckeln. Minze waschen und trocken schütteln. Die Blätter abzupfen.

2. In einer Schüssel Zitronensaft und Essig mit Salz,
Pfeffer und Öl verrühren. Melonen, Gurke und Frühlingszwiebeln unterheben. Feta darauf verteilen und mit den
gerösteten Kernen bestreut servieren.

Ciabatta-Salat mit Mozzarella

ZUTATEN FÜR 4 PORTIONEN
30 MIN.
300 g Ciabatta | 6 EL Olivenöl | 300 g Kirschtomaten |
400 g kleine Zucchini | 1 kleine Zwiebel | 150 g kleine
Mozzarellakugeln | 1 EL feine Kapern (Glas) | 4 EL Bal-
samico bianco | Salz | Pfeffer | 1 Bund Basilikum

Pro Portion ca. 475 kcal 15 g EW 27 g Fett 43 g KH

1. Das Ciabattabrot in 1,5 cm große Würfel schneiden.
2 EL Olivenöl in einer großen Pfanne erhitzen, das Brot
darin unter Wenden 5 Min. rösten. Vom Herd nehmen.

2. Tomaten waschen und halbieren. Zucchini waschen,
putzen, längs halbieren und in Scheiben schneiden.
Zwiebel schälen und fein würfeln.

3. Zwiebel im übrigen Öl glasig dünsten. Zucchini 1 Min.
mitdünsten. Alles in eine Schüssel geben. Mozzarellaku-
geln abtropfen lassen und mit Brot, Tomaten und Kapern
untermischen. Salat mit Essig, Salz und Pfeffer würzen.
Basilikumblätter abzupfen, abreiben und untermischen.

sommer-
frisch

leckere
Beilage

schön würzig

Ofen-Kartoffel-Salat

ZUTATEN FÜR 4 PORTIONEN
25 MIN. + 30 MIN. BRATEN
**750 g kleine festkochende
Kartoffeln**
4 EL Olivenöl
**1 TL rosenscharfes Paprikapulver
grobes Meersalz | Pfeffer**
2 Knoblauchzehen | 12 Salbeiblätter
500 g kleine Tomaten
3 EL Weißweinessig
8 EL heiße Gemüsebrühe
1 weiße Zwiebel | 1/2 Bund Petersilie

Pro Portion ca. 240 kcal 5 g EW
12 g Fett 27 g KH

1. Backofen auf 200° (Umluft 180°) vorheizen. Kartoffeln waschen, abbürsten, abtrocknen und je nach Größe längs halbieren oder vierteln. 2 EL Öl mit Paprikapulver, Salz und Pfeffer verrühren. Knoblauch schälen und dazupressen. Kartoffeln mit der Würzmarinade mischen.

2. Ein Blech mit Backpapier belegen, Kartoffeln darauf verteilen, Salbei abreiben und dazwischen streuen. Im Ofen (2. Schiene von unten) 30 Min. braten.

3. Inzwischen die Tomaten waschen, vom Stielansatz befreien und in Spalten schneiden. Den Essig mit der heißen Brühe, Salz, Pfeffer und übrigem Öl verrühren. Die Zwiebel schälen, fein würfeln und mit den Tomaten in der Vinaigrette wenden. Kartoffeln und Salbei unterheben. Die Petersilie waschen und trocken schütteln. Die Blätter hacken und untermischen.

Das schmeckt dazu: Frikadellen oder Cevapcici (Rezept Seite 183)

frisch & bunt

KARTOFFELSALAT MIT RADIESCHEN

ZUTATEN FÜR 4 PORTIONEN
1 STD.
750 g kleine festkochende Kartoffeln
Salz
1 rote Zwiebel
200 ml Fleischbrühe
Salz | Pfeffer
4–5 EL Weißweinessig
1 Römersalat
1 Bund Radieschen
5 EL Rapsöl
1 Bund Schnittlauch

Pro Portion ca. 260 kcal 4 g EW
15 g Fett 24 g KH

1. Die Kartoffeln waschen, in Salzwasser in 20 Min. gar kochen, abgießen, kurz ausdampfen lassen, noch heiß pellen und in dünne Scheiben schneiden. Zwiebel schälen, in kleine Würfel schneiden und zu den Kartoffeln in eine große Schüssel geben.

2. Die Brühe aufkochen, mit Salz, Pfeffer und Essig verrühren und über die Kartoffeln gießen. Kartoffeln darin wenden und 10 Min. durchziehen lassen.

3. Inzwischen den Römersalat waschen, halbieren, vom Strunk befreien und in 1 cm breite Streifen schneiden. Radieschen putzen, waschen und in feine Scheiben schneiden. Salat und Radieschen zu den Kartoffeln geben, alles vorsichtig mischen, Öl unterrühren. Schnittlauch waschen, trocken schütteln und in Röllchen schneiden. Salat damit bestreut servieren.

Das schmeckt dazu: Gebackenes oder gebratenes Fischfilet

Bulgursalat mit Zuckerschoten

ZUTATEN FÜR 4 PORTIONEN
40 MIN.
400 ml Gemüsebrühe
200 g Bulgur
150 g Zuckerschoten
Salz
je 1 rote und hellgrüne Spitzpaprikaschote (ca. 180 g)
3 Frühlingszwiebeln
1 Bund Petersilie
1 Bio-Zitrone
Pfeffer
4 EL Olivenöl

Pro Portion ca. 330 kcal 8 g EW 13 g Fett 40 g KH

1. Die Brühe aufkochen, Bulgur einstreuen und zugedeckt bei schwacher Hitze 15 Min. quellen lassen. Inzwischen die Zuckerschoten waschen, putzen, schräg halbieren und in kochendem Salzwasser 2 Min. blanchieren. Abgießen, eiskalt abschrecken und abtropfen lassen. Spitzpaprika halbieren, putzen, waschen und in feine Streifen schneiden. Frühlingszwiebeln putzen, waschen und schräg in 1/2 cm dünne Ringe schneiden. Petersilie waschen und trocken schütteln. Die Blätter grob hacken.

2. Zitrone heiß waschen und abtrocknen. Schale fein abreiben und unter den Bulgur mischen. Bulgur abkühlen lassen.

3. Die Zitrone auspressen, 3–4 EL Saft mit Salz und Pfeffer verrühren. Das Öl nach und nach mit dem Schneebesen unterrühren. Zuckerschoten, Paprika und Frühlingszwiebeln in der Sauce wenden. Abgekühlten Bulgur und die Petersilie untermischen. Salat mit Salz und Pfeffer abschmecken und mit scharfem Joghurt (unten) servieren.

Scharfer Joghurt

super-schnell

ZUTATEN FÜR 4 PORTIONEN
5 MIN.
200 g griechischer Sahnejoghurt
6 EL kohlensäurehaltiges Mineralwasser
Salz
1–2 TL Pul Biber
(scharfe Paprikaflocken; türkischer Laden; siehe rechts)

Pro Portion ca. 60 kcal 2 g EW 5 g Fett 2 g KH

1. Den Joghurt mit dem Mineralwasser verrühren. Mit Salz und 1 TL Pul Biber kräftig würzen. In einer Schüssel anrichten, nach Belieben mit Paprikaflocken bestreuen und zum Bulgursalat servieren.

Pul Biber – Scharfmacher aus der türkischen Küche

»Blättchenpfeffer« heißt Pul Biber aus dem Türkischen übersetzt und bezeichnet damit ein scharfes, rotes Gewürz in Flöckchenform. Es besteht aus getrockneten und zerstoßenen milden oder scharfen Paprikaschoten, die nicht nur scharf, sondern auch fruchtig-intensiv nach Paprika schmecken, im Unterschied zu den feurigen Thai-Chilischoten aus dem Asienladen. Oft wird Pul Biber als Würzmischung mit Salz angeboten. Es selbst herzustellen lohnt kaum, da das Gewürz in jedem türkischen Lebensmittelgeschäft erhältlich ist. Sollten Sie keinen Laden um die Ecke haben, können Sie es durch rosenscharfes Paprikapulver, gemischt mit etwas Cayennepfeffer ersetzen.

Pul Biber gehört in der Türkei wie bei uns Salz und Pfeffer als Würze auf den Tisch. Freunde scharfer Genüsse streuen es über gegrilltes Fleisch und Gemüse, vor allem über den beliebten Döner, oder geben damit Eintöpfen, Suppen, Saucen und Salaten einen Schärfe-Kick.

für Picknick & Party

Nudelsalat mit Thunfisch

**ZUTATEN FÜR 4 PORTIONEN
30 MIN. + 10 MIN. RUHEN**

Salz | 250 g grüne Bohnen
250 g Orecchiette (Öhrchennudeln)
1 Dose Thunfisch im eigenen Saft
(ca. 140 g Abtropfgewicht)
2 weiße Zwiebeln
150 g junger, zarter Blattspinat
4 EL Weißweinessig
125 ml Kalbs- oder Gemüsefond
(Glas) | 1 TL Dijon-Senf
Pfeffer | 5 EL Olivenöl

Pro Portion ca. 440 kcal 19 g EW
17 g Fett 51 g KH

1. Reichlich Salzwasser zum Kochen bringen. Bohnen waschen, putzen und halbieren. Mit den Nudeln im kochenden Wasser nach Packungsangabe 10−12 Min. kochen lassen. Abgießen, eiskalt abschrecken, gut abtropfen lassen.

2. Inzwischen Thunfisch abtropfen lassen und zerpflücken. Zwiebeln schälen, längs halbieren und in feine Ringe schneiden. Spinat verlesen, putzen, waschen und trocken schleudern.

3. Essig mit Fond, Senf, Salz und Pfeffer in einer Schüssel verrühren. Das Öl nach und nach unterrühren. Nudeln samt Bohnen, Zwiebeln, Spinat und Thunfisch dazugeben und vorsichtig mit der Vinaigrette vermischen. Salat mit Salz und Pfeffer abschmecken und bis zum Servieren 10 Min. durchziehen lassen.

Austausch-Tipp: 200 g Kalbschnitzel in Streifen schneiden und in 1 EL Öl 3−4 Min. braten. Salzen und pfeffern und statt Thunfisch unterheben.

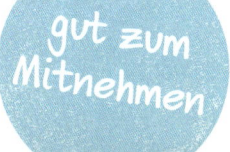

TOMATEN-WURST-SALAT

ZUTATEN FÜR 4 PORTIONEN
25 MIN.
300 g Puten-Wiener Würstchen
150 g Emmentaler am Stück
4 Cornichons | 1 kleine rote Zwiebel
1 Dose Mais (ca. 140 g Abtropfgewicht) | 6 grüne, paprikagefüllte
Oliven (Glas; nach Belieben)
8 Kirschtomaten
3 EL Weißweinessig
2 EL Tomatenketchup
Salz | Pfeffer | 4 EL Rapsöl

Pro Portion ca. 550 kcal 21 g EW
46 g Fett 11 g KH

1. Die Würstchen schräg in dünne Scheiben schneiden. Den Käse entrinden und in feine Streifen schneiden. Die Cornichons in dünne Scheiben oder Stifte schneiden. Zwiebel schälen und fein würfeln. Mais abgießen und abtropfen lassen. Oliven in Scheiben schneiden. Tomaten waschen und halbieren oder vierteln.

2. Essig mit 2 EL Wasser, Ketchup, Salz und Pfeffer verrühren. Das Öl nach und nach unterrühren. Die vorbereiteten Zutaten dazugeben und vorsichtig mit dem Dressing vermischen. Salat bis zum Servieren 10 Min. durchziehen lassen, dann mit Salz und Pfeffer abschmecken.

Tuning-Tipp: Der Salat ist gut geeignet fürs Partybüfett. Dann noch 1/2 Bund Petersilie waschen und trocken schütteln. Die Blätter je nach Geschmack ganz lassen oder hacken und zum Schluss über den Salat streuen.

gut zum Mitnehmen

Gemüsesticks mit zwei Dips

ZUTATEN FÜR 4 PORTIONEN
30 MIN.
800 g gemischtes Gemüse (z. B. rote und gelbe Paprikaschoten, Staudensellerie, Möhren, Zucchini, Fenchel und/
oder Römersalat) | 150 g Erdnusscreme | 100 ml Gemüse-
fond (Glas; ersatzweise Brühe) | 1 EL Honig |
2 EL Sojasauce | Salz | Pfeffer | 1 Bio-Minigurke | 2 EL süßer
Senf | 120 g Frischkäse | 1–2 TL Zitronensaft | 1/2 Bund Dill

Pro Portion ca. 400 kcal 17 g EW 29 g Fett 18 g KH

1. Das Gemüse waschen bzw. schälen und putzen. Paprika in
1 cm breite Streifen schneiden. Sellerie halbieren, Möhren und
Zucchini längs vierteln. Fenchel längs in dünne Spalten schneiden. Römersalat in Blätter zerlegen.

2. Für den Erdnuss-Dip die Erdnusscreme mit Fond, Honig
und Sojasauce glatt rühren, salzen und pfeffern. Für den
Gurken-Senf-Dip Gurke waschen, putzen und raspeln, mit Salz
bestreuen und ziehen lassen. Senf mit Frischkäse verrühren,
mit Zitronensaft, Salz und Pfeffer würzen. Dill waschen, trocken
schütteln und hacken. Gurkenraspel ausdrücken und mit dem
Dill unter den Frischkäse rühren. Dips zur Rohkost servieren.

Gemüse-Carpaccio

ZUTATEN FÜR 4 PORTIONEN
30 MIN.
2 EL gehackte Haselnusskerne | 1 junger Kohlrabi |
2 Möhren | 3 Riesenchampignons oder 150 g Kräuter-
seitlinge | 4 EL Obst- oder Apfelessig | Salz | Pfeffer |
je 3 EL Raps- und Olivenöl | 2 Schalotten |
1 Handvoll Kerbel oder Petersilienblätter

Pro Portion ca. 280 kcal 4 g EW 26 g Fett 8 g KH

1. Die Nüsse in einer Pfanne ohne Fett anrösten und abkühlen
lassen. Den Kohlrabi und die Möhren putzen, schälen und in
sehr dünne Scheiben hobeln oder schneiden. Die Pilze putzen,
abreiben und ebenfalls in feine Scheiben schneiden. Kohlrabi,
Möhren und Pilze auf vier Tellern verteilen.

2. Essig mit Salz und Pfeffer verrühren. Beide Ölsorten nach
und nach mit dem Schneebesen unterrühren. Die Schalotten
schälen, fein würfeln und untermischen. Die Vinaigrette über
Pilze und Gemüse träufeln, Nüsse darüberstreuen. Kerbel oder
Petersilie waschen, trocken tupfen und ebenfalls über das
Carpaccio streuen.

gesunder Knabber-spaß

reich an Vital-stoffen

Finger-food aus Vietnam

aus dem Vorrat

Makrelen-Röllchen mit Dip

ZUTATEN FÜR 4 PORTIONEN
50 MIN.
12–14 Blätter Reispapier (Ø 16 cm; Asienregal) |
100 g geräuchertes Makrelenfilet | 1 Bio-Minigurke |
3 Frühlingszwiebeln | 3 Stängel Minze | 4 Kopfsalatblätter |
5 EL Sojasauce | 4 EL Zitronensaft | 1/2 TL Zucker |
1 Msp. Sambal oelek

Pro Portion ca. 200 kcal 10 g EW 4 g Fett 31 g KH

1. Reisblätter einzeln in kaltem Wasser 30 Sek. einweichen. Auf ein feuchtes Tuch legen. Makrele häuten und klein schneiden. Gurke waschen, putzen, längs halbieren und entkernen. Die Frühlingszwiebeln putzen und waschen. Frühlingszwiebeln und Gurken in feine Streifen schneiden. Minze waschen und trocken schütteln. Blätter abzupfen.

2. Salatblätter waschen, in feine Streifen schneiden und auf die Reisblätter streuen. Makrele, Gurken, Frühlingszwiebeln und Minze mit 1 EL Sojasauce würzen und darauf verteilen. Reisblätter seitlich über die Füllung klappen und zu Röllchen einwickeln. Für den Dip übrige Sojasauce mit Zitronensaft, 4 EL Wasser, Zucker und Sambal oelek verrühren.

Südlicher Snackteller

ZUTATEN FÜR 4 PORTIONEN
10 MIN.
50 g Bistro-Salami | 120 g luftgetrockneter Schinken (in dünnen Scheiben; z. B. Parma- oder Serranoschinken) | 100 g Parmesan oder Grana padano | 1 EL Aceto balsamico | je 8 grüne und schwarze Oliven | 120 g geviertelte Artischockenherzen (in Öl; Glas) | Pfeffer | 2–3 Stängel Basilikum

Pro Portion ca. 250 kcal 21 g EW 16 g Fett 4 g KH

1. Die Salami häuten und in dünne Scheiben schneiden, mit dem Schinken auf vier Teller verteilen. Den Parmesan oder Grana in grobe Brocken teilen und daneben anrichten, Käse mit dem Balsamessig beträufeln.

2. Oliven und Artischockenherzen abtropfen lassen und ebenfalls auf die Teller legen. Nach Belieben alles noch mit Pfeffer übermahlen. Basilikumblätter abzupfen, abreiben und über den Snack-Teller streuen.

Das schmeckt dazu: Italienisches Weißbrot, Fladenbrot oder Grissini, die italienischen Knabberstangen.

raffi- niert & scharf

Crostini mit Kürbis-Chutney

ZUTATEN FÜR 4 PORTIONEN
45 MIN.
400 g Kürbis, z. B. Muskatkürbis
1 kleine Zwiebel
1/2 –1 frische rote Chilischote
2 EL Olivenöl + Öl zum Beträufeln
2 EL brauner Zucker
1 kleine Dose stückige Tomaten (ca.
210 g) | 6 EL Weißweinessig
Salz | Pfeffer
1/2 Baguette | 4 Tomaten
100 g Parmesan oder Grana padano

Pro Portion ca. 330 kcal 14 g EW
16 g Fett 32 g KH

1. Den Kürbis schälen, entkernen und klein würfeln. Zwiebel schälen und fein hacken. Chili putzen, längs halbieren, entkernen und winzig klein würfeln.

2. Zwiebel und Chili im Öl 2–3 Min. dünsten. Zucker dazugeben und leicht karamelisieren lassen. Kürbis, stückige Tomaten, Essig und 6 EL Wasser zufügen und 25–30 Min. offen einkochen lassen, dabei mehrmals umrühren. Kürbis-Chutney mit Salz und Pfeffer abschmecken und abkühlen lassen.

3. Baguette schräg in Scheiben schneiden und mit Olivenöl beträufeln. Auf den Rost legen und unter dem heißen Backofengrill (2. Schiene von oben) oder im vorgeheizten Backofen bei 250° (Umluft 230°) in 4–5 Min. knusprig rösten.

4. Die Tomaten waschen, vom Stielansatz befreien und in Scheiben schneiden. Käse in feine Späne hobeln. Crostini mit den Tomatenscheiben belegen, Chutney darauf verteilen und mit Käsespänen belegt servieren.

Pesto-Bruschetta mit Paprika

ZUTATEN FÜR 4 PORTIONEN
30 MIN.
200 g Halbfett-Frischkäse
2 EL Basilikum-Pesto
Salz | Pfeffer
je 1/2 rote und gelbe Paprikaschote
3 Zweige Thymian
1 EL Balsamico bianco
2 EL Olivenöl + Öl zum Beträufeln
4 große Scheiben italienisches
Weißbrot oder 8 dicke Scheiben
Ciabatta | 2 Stängel Basilikum

Pro Portion ca. 370 kcal 10 g EW
27 g Fett 22 g KH

1. Den Frischkäse mit dem Pesto verrühren, mit Salz und Pfeffer abschmecken. Die Paprikaschoten vierteln, entkernen, waschen und sehr klein würfeln. Thymian waschen und trocken schütteln, die Blättchen abstreifen. Essig, Salz, Pfeffer, Thymian und 2 EL Olivenöl verrühren, die Paprikawürfel darin wenden.

2. Die Brotscheiben mit Olivenöl beträufeln. Auf den Rost legen und unter dem heißen Backofengrill (2. Schiene von oben) oder im vorgeheizten Backofen bei 250° (Umluft 230°) in 4–5 Min. knusprig rösten.

3. Die Brotscheiben großzügig mit dem Pesto-Frischkäse bestreichen, mit der Paprikamischung belegen. Basilikumblätter abzupfen, abreiben und die Brote damit garnieren.

Servier-Tipp: Die Brote sind nicht nur ein unkomplizierter Snack für zwischendurch – sie schmecken auch zum Aperitif, zum Wein oder als Vorspeise.

XXL-Sandwich nach italienischer Art: appetitlich bunt und fein gefüllt mit gebratenem Gemüse, Salami, Mozzarella und Radicchio. So wird die Mittagspause zur kulinarischen Erlebnistour in südliche Gefilde.

Ciabatta mit Salami und Sommergemüse

ZUTATEN FÜR 4 PORTIONEN
45 MIN.
je 1/2 rote und gelbe Paprikaschote
150 g junge Zucchini
1 rote Zwiebel
8 Zweige Thymian
2 EL Olivenöl
125 g Bistro-Salami
Salz | Pfeffer
1 EL Balsamico bianco oder Zitronensaft
125 g Mozzarella
6–8 Blätter Radicchio-Salat
2 Ciabatta-Brote, am besten mit Oliven (à ca. 400 g)
4 Stängel Basilikum (nach Belieben)

Pro Portion ca. 710 kcal 28 g EW 25 g Fett 95 g KH

1. Paprikaschoten vierteln, entkernen, waschen und in feine Streifen schneiden. Die Zucchini waschen, putzen, längs halbieren und in Scheiben schneiden. Zwiebel schälen und in feine Ringe schneiden. Thymian waschen und trocken schütteln. Die Blätter abstreifen und hacken.

2. Eine Grillpfanne stark erhitzen und mit dem Öl einstreichen oder in einer beschichteten Pfanne das Öl erhitzen. Paprika, Zucchini und Zwiebel darin unter gelegentlichem Wenden 6–8 Min. braten, dabei den Thymian kurz mitbraten. Inzwischen die Salami häuten und schräg in dünne Scheiben schneiden. Das Gemüse vom Herd nehmen, die Salami untermischen. Mit Salz, Pfeffer, Essig oder Zitronensaft abschmecken.

3. Den Mozzarella abtropfen lassen, erst in Scheiben, dann in Streifen schneiden. Die Radicchioblätter waschen, trocken tupfen und die dicken Blattrippen flach schneiden. Salatblätter mundgerecht zerpflücken.

4. Die Ciabatta-Brote aufschneiden, die unteren Hälften mit Salatblättern belegen. Die Gemüse-Salami-Mischung darauf verteilen und mit dem Mozzarella belegen. Nach Belieben Basilikumblätter abzupfen, abreiben und auf die Füllung streuen. Die Brotdeckel auflegen. Jedes Brot einmal durchschneiden. Schmeckt warm oder abgekühlt.

Austausch-Tipp: Thunfisch aus der Dose (im eigenen Saft; ca. 140 g Abtropfgewicht) abtropfen lassen und statt der Salami unter die Gemüsemischung heben.

Tuning-Tipp: Die Ciabatta-Brote einzeln in Alufolie wickeln und im vorgeheizten Backofen bei 200° (Umluft 180°) 8–10 Min. erhitzen – dann zerläuft der Käse.

Hackfleisch-Schnecken

ZUTATEN FÜR 18 STÜCK
35 MIN. + 15–20 MIN. BACKEN
400 g Pizzateig (37 x 25 cm; Fertigprodukt; Kühlregal) |
1 Zwiebel | 1 rote Paprikaschote | 2 EL Olivenöl | Salz |
Pfeffer | 1 TL getrockneter Thymian | 100 g Bergkäse |
1 Ei (Größe M) | 1 TL scharfer Ajvar (Glas) | 250 g gemisch-
tes Hackfleisch | 1 TL edelsüßes Paprikapulver

Pro Portion ca. 130 kcal 6 g EW 8 g Fett 10 g KH

1. Teig mit dem Backpapier entrollen. Den Backofen auf 220°
(Umluft 200°) vorheizen. Zwiebel schälen und würfeln. Paprikaschote vierteln, entkernen, waschen und klein würfeln. Zwiebel in 1 EL Öl glasig dünsten. Paprika 2–3 Min. mitdünsten. Mit
Salz, Pfeffer und Thymian würzen und vom Herd nehmen.

2. Käse raspeln. Paprika-Mischung, Käse, Ei und Ajvar unter
das Hackfleisch mischen. Alles kräftig salzen und pfeffern. Den
Pizzateig mehrmals einstechen, mit Fleischmasse bestreichen,
von der Längsseite her aufrollen und in 2 cm breite Scheiben
schneiden. Ein Blech mit Backpapier belegen. Schnecken darauflegen. Übriges Öl mit Paprika verrühren. Schnecken damit
bestreichen. Im Ofen (Mitte) in 15–20 Min. goldbraun backen.

heiß vom Blech

Spargel-Filo-Stangen

ZUTATEN FÜR 4 PORTIONEN
30 MIN. + 15 MIN. BACKEN
10 grüne Spargelstangen | Salz | 100 g Taleggio-Käse |
5 Blätter Filoteig (à ca. 30 x 30 cm; Kühlregal) | Pfeffer |
Olivenöl zum Bestreichen

Pro Portion ca. 200 kcal 7 g EW 15 g Fett 9 g KH

1. Den Spargel im unteren Drittel schälen, die Enden abschneiden. Den Spargel in kochendem Salzwasser 5 Min. blanchieren, abgießen, eiskalt abschrecken und abtropfen lassen.

2. Den Backofen auf 180° (Umluft 160°) vorheizen. Den Käse
klein würfeln. Den Teig nach Anweisung aus der Packung nehmen und jedes Teigblatt halbieren, sodass 10 Rechtecke
(à 30 x 15 cm) entstehen. Die Teigplatten mit Olivenöl bestreichen. Je 1 Stange Spargel unten an eine Schmalseite legen,
salzen und pfeffern. Mit etwas Käse belegen und einwickeln.

3. Ein Blech mit Backpapier belegen. Die Spargel-Päckchen
darauflegen und mit Öl bestreichen. Im Ofen (2. Schiene von
unten) 15 Min. backen.

toll für Gäste

Schinken-Hörnchen

ZUTATEN FÜR 16 STÜCK
40 MIN. + 20–25 MIN. BACKEN
50 g roher Schinken | 60 g geriebener Parmesan |
2 EL Tomatenmark | 2 TL getrocknete italienische Kräuter |
125 g Magerquark | 5 EL Olivenöl | Salz | 200 g Mehl + Mehl
zum Arbeiten | 2 TL Backpulver | 1 Eigelb

Pro Portion ca. 110 kcal 5 g EW 6 g Fett 10 g KH

1. Schinken fein würfeln und mit 50 g Parmesan, Tomatenmark
und den Kräutern mischen. Quark mit dem Öl, 5 EL Wasser und
1 TL Salz verrühren. Mehl und Backpulver mischen und da-
rübersieben. Schinkenmischung dazugeben. Alles mit den Knethaken des Handrührgeräts zu einem glatten Teig verkneten.

2. Backofen auf 180° (Umluft 160°) vorheizen. Teig auf wenig
Mehl zu einem 3 mm dicken Rechteck (40 x 25 cm) ausrollen.
In 8 Rechtecke schneiden, diese diagonal halbieren. Dreiecke
von der schmalen Seite bis zur Spitze hin eng aufrollen und
zu Hörnchen biegen. Blech mit Backpapier belegen. Hörnchen
darauflegen. Eigelb mit 1 EL Wasser verrühren. Hörnchen damit
bestreichen und mit übrigem Parmesan bestreuen. Im Ofen
(Mitte) in 20–25 Min. goldbraun backen.

Blätterteigpizzas

ZUTATEN FÜR 8 STÜCK
25 MIN. + 20 MIN. BACKEN
4 rechteckige Platten TK-Blätterteig (à 75 g) |
100 g Halbfett-Frischkäse | 4 EL Olivenöl | Salz | Pfeffer |
180 g Kirschtomaten | 80 g entsteinte schwarze Oliven |
80 g Pecorino-Käse | 50 g Rucola

Pro Portion ca. 285 kcal 7 g EW 22 g Fett 15 g KH

1. Den Backofen auf 220° (Umluft 200°) vorheizen. Die Blät-
terteigplatten nebeneinander auftauen lassen. Frischkäse mit
2 EL Olivenöl verrühren, salzen und pfeffern. Kirschtomaten
waschen. Oliven abtropfen lassen. Tomaten und Oliven jeweils
quer halbieren. Den Pecorino klein würfeln.

2. Ein Blech mit Backpapier belegen. Teigplatten halbieren
und darauflegen. Mit dem Frischkäse bestreichen, dabei
rundherum einen 1 cm breiten Rand frei lassen. Mit Kirschtomaten und Oliven belegen. Pecorino darauf verteilen, salzen
und pfeffern. Pizzas mit dem übrigen Olivenöl beträufeln und
im Ofen (unten) 20 Min. backen. Inzwischen Rucola waschen
und trocken schütteln, grobe Stängel abknipsen. Blätter grob
hacken und vor dem Servieren über die Pizzas streuen.

ganz einfach

Suppen & Eintöpfe

Topfschläger für groß und klein.
Hier gibt's was auf die Löffel: gebunden oder klar, mit Einlage, fein oder deftig –

Blitzrezepte

reich an B-Vita-minen

Veggie-Snack

Tomaten-Avocado-Suppe

ZUTATEN FÜR 4 PORTIONEN
25 MIN.
1 Zwiebel | 2 EL Olivenöl | 2 EL Tomatenmark | 1 große
Dose geschälte Tomaten (800 g) | 400 ml Gemüse-
fond (Glas; ersatzweise Brühe) | 1 reife Avocado |
2 EL Limettensaft | 100 g Sahne | Salz | Cayennepfeffer |
4 Basilikumblätter

Pro Portion ca. 230 kcal 4 g EW 20 g Fett 7 g KH

1. Zwiebel schälen, würfeln und im Olivenöl glasig dünsten.
Tomatenmark einrühren, kurz anschwitzen. Tomaten samt
Saft dazugeben und mit einem Kochlöffel zerdrücken. Den
Fond zufügen und alles zugedeckt bei mittlerer Hitze
10 Min. kochen lassen.

2. Die Avocado halbieren und entsteinen. Das Fruchtfleisch
mit einem Kugelausstecher aus den Hälften ausstechen
oder würfeln und sofort mit Limettensaft beträufeln. Die
Sahne halbsteif schlagen.

3. Die Suppe pürieren, mit Salz und Cayennepfeffer abschmecken und anrichten. Die Avocado-Kugeln und je
1 Klecks Sahne daraufgeben. Basilikumblätter abreiben
und darüberstreuen.

Tuning-Tipp: Die Suppe mit 2–3 TL Sambal oelek abschmecken – für einen Schärfe-Kick.

Tassensuppe mit Nudeln

ZUTATEN FÜR 4 PORTIONEN
20 MIN.
4 Frühlingszwiebeln | 125 g TK-Erbsen | 125 g Kirsch-
tomaten | 150 g geräucherter Tofu | 125 g Instant-Mie-
Nudeln (chinesische Weizennudeln) | 4 TL körnige
Gemüsebrühe | 8 TL helle Sojasauce

Pro Portion ca. 190 kcal 11 g EW 3 g Fett 31 g KH

1. Die Frühlingszwiebeln putzen, waschen und schräg in
feine Ringe schneiden. Die Erbsen antauen lassen. Die
Kirschtomaten waschen und halbieren. Den Tofu in 1 cm
kleine Würfel schneiden.

2. Frühlingszwiebeln, Erbsen, Tomaten, Tofu und Nudeln
auf vier Jumbo-Tassen (à ca. 550 ml Inhalt) verteilen.
Je 1 TL körnige Brühe dazugeben und Tassen mit insgesamt
1,2 l kochend heißem Wasser auffüllen. Tassen nebeneinander stellen und mit einem großen Topfdeckel zugedeckt
5 Min. ziehen lassen. Suppen mit je 2 TL Sojasauce würzen.

Austausch-Tipp: Statt Tofu gekochte Schinkenwürfel in
die Suppe geben.

reich an Vitamin C

mit Wienerle

Weizen-Lauch-Eintopf

ZUTATEN FÜR 4 PORTIONEN
20 MIN.
1 l Fleischbrühe | 125 g Zartweizen | 1 Stange Lauch |
1 orange Paprikaschote | 4–5 Wiener Würstchen (250 g)
| Salz | Pfeffer | 4 Stängel Majoran (nach Belieben)

Pro Portion ca. 320 kcal 7 g EW 18 g Fett 24 g KH

1. Die Brühe in einem Topf aufkochen, den Weizen einstreuen und zugedeckt bei mittlerer Hitze 10 Min. garen.

2. Inzwischen den Lauch putzen, längs aufschneiden, waschen und schräg in Ringe schneiden. Die Paprikaschote vierteln, entkernen, waschen und fein würfeln. Die Würstchen schräg in dünne Scheiben schneiden.

3. Gemüse und Würstchen zum Weizen geben, zugedeckt bei mittlerer Hitze 5 Min. garen. Den Eintopf mit Salz und Pfeffer abschmecken. Evtl. den Majoran waschen und trocken schütteln. Die Blätter abstreifen und vor dem Servieren auf den Eintopf streuen.

Austausch-Tipp: Wer etwas mehr Zeit hat, kann den Weizen durch 500 g kleine, festkochende Kartoffeln ersetzen. Diese schälen, halbieren und in der Brühe 15 Min. kochen lassen.

Brokkolisuppe mit Mandeln

ZUTATEN FÜR 4 PORTIONEN
25 MIN.
2 Schalotten | 2 EL Butter | 600 ml Gemüsebrühe |
200 g Sahne | 450 g TK-Brokkoli | 50 g gehobelte
Mandeln | Salz | Pfeffer | 1–2 EL Zitronensaft

Pro Portion ca. 320 kcal 7 g EW 30 g Fett 4 g KH

1. Die Schalotten schälen und würfeln. Butter zerlassen, Schalotten darin 1 Min. glasig dünsten. Brühe und Sahne angießen und aufkochen. Den Brokkoli einrühren und zugedeckt bei mittlerer Hitze in 10 Min. weich kochen.

2. Inzwischen die Mandelblättchen in einer beschichteten Pfanne ohne Fett anrösten und abkühlen lassen.

3. Die Suppe mit dem Pürierstab oder im Mixer fein pürieren. Mit Salz, Pfeffer und Zitronensaft abschmecken. Mit gerösteten Mandeln bestreut servieren.

Austausch-Tipp: 125 g Nordseekrabben abspülen, abtropfen lassen, 1 Bund Dill waschen und trocken schütteln. Die Blättchen hacken. Die Suppe mit Krabben und Dill statt mit Mandeln bestreut servieren.

Zucchini-Cremesuppe mit Forelle

ZUTATEN FÜR 4 PORTIONEN
45 MIN.
700 g Zucchini | 300 g mehligkochende Kartoffeln |
1 Zwiebel | 1 EL Butter | 1 l Gemüsebrühe | 1 Bund Dill |
200 g Sahne | Salz | Pfeffer | frisch geriebene Muskatnuss |
1–2 TL Zitronensaft | 175 g geräuchertes Forellenfilet

Pro Portion ca. 310 kcal 15 g EW 20 g Fett 15 g KH

1. Zucchini waschen, putzen und ein kleines Stück davon (ca.
10 cm) beiseitelegen, den Rest klein schneiden. Kartoffeln
schälen und würfeln. Zwiebel schälen und fein hacken. Zwiebeln in der Butter glasig dünsten. Klein geschnittene Zucchini
und Kartoffeln 2 Min. mitdünsten. Brühe angießen und aufkochen. Gemüse zugedeckt bei mittlerer Hitze 15–20 Min. garen.

2. Inzwischen den Dill waschen und trocken schütteln. Die
Blättchen abzupfen und bis auf ein paar Spitzen hacken.
Zucchinistück längs hobeln oder fein würfeln. Suppe pürieren.
Sahne unterrühren und Suppe nochmals kurz aufkochen. Mit
Salz, Pfeffer, Muskat und Zitronensaft abschmecken. Forellen-
filet grob zerpflücken und auf der Suppe servieren. Mit Zucchi-
nistückchen und Dill garnieren.

Rote-Bete-Suppe

ZUTATEN FÜR 4 PORTIONEN
30 MIN.
3 Schalotten | 1 Stück Ingwer (ca. 3 cm) | 300 g Rote Bete |
100 g Möhren | 2 EL Butter | 900 ml Gemüsebrühe |
200 g Schmand | 1 TL Zucker | Salz | Pfeffer | 2 EL Limet-
tensaft | 2 EL frisch geriebener Meerrettich

Pro Portion ca. 215 kcal 3 g EW 16 g Fett 12 g KH

1. Schalotten und Ingwer schälen und fein würfeln. Rote Bete
und Möhren schälen und klein würfeln.

2. Die Butter in einem breiten Topf erhitzen. Schalotten und
Ingwer darin 1–2 Min. dünsten. Rote Bete und Möhren dazugeben und unter gelegentlichem Wenden 2–3 Min. mitdünsten. Brühe angießen und aufkochen. Die Suppe bei mittlerer
Hitze zugedeckt 10–15 Min. kochen lassen, bis das Gemüse
weich ist.

3. Die Suppe mit 150 g Schmand im Mixer oder mit dem
Pürierstab fein pürieren. Mit Zucker, Salz, Pfeffer und Limettensaft abschmecken. Suppe in tiefe Teller verteilen und mit je
1 Klecks Schmand und mit Meerrettich bestreut servieren.

fein im Sommer

samtig leicht

scharf!

Kürbis-Joghurt-Suppe

ZUTATEN FÜR 4 PORTIONEN
40 MIN.
400 g Hokkaido-Kürbis | 1 frische rote Chilischote | 1 Zwiebel | 1 Knoblauchzehe | 2 EL Olivenöl | 2 TL edel-süßes Paprikapulver | 800 ml Gemüsebrühe | 2 EL Kürbis-kerne | 200 g Sahnejoghurt | 1 TL Mehl | Salz | Pfeffer

Pro Portion ca. 200 kcal 3 g EW 17 g Fett 7 g KH

1. Kürbis waschen, vierteln, entkernen und samt Schale klein schneiden. Chili waschen, putzen und ohne Kerne in Ringe schneiden. Zwiebel schälen und würfeln. Knoblauch schälen.

2. Zwiebel im Öl glasig dünsten. Knoblauch dazupressen. Kür-bisfleisch, Chilischote und Paprikapulver hinzufügen und unter Rühren 2 Min. dünsten. Brühe angießen und aufkochen. Die Suppe bei mittlerer Hitze zugedeckt 15–20 Min. garen.

3. Kerne in einer Pfanne ohne Fett anrösten, abkühlen lassen. Suppe fein pürieren. Vom Joghurt 4 TL abnehmen, Rest mit Mehl mischen und in die Suppe rühren. Suppe unter Rühren aufko-chen und bei schwacher Hitze 5 Min. garen, salzen und pfeffern. Mit je 1 Klecks Joghurt und mit Kürbiskernen bestreuen.

cremig & knusprig

Pastinakensuppe

ZUTATEN FÜR 4 PORTIONEN
45 MIN.
400 g Pastinaken | 200 g mehligkochende Kartoffeln | 3 Schalotten | 2 EL Rapsöl | 800 ml Gemüsebrühe | 1 Bund Petersilie | 200 g Sahne | Salz | Pfeffer | frisch geriebene Muskatnuss | 1 EL Zitronensaft | 50 g Schüttelbrot (Südti-roler Roggenbrot-Spezialität)

Pro Portion ca. 330 kcal 5 g EW 22 g Fett 25 g KH

1. Pastinaken und Kartoffeln putzen, schälen und klein schnei-den. Schalotten schälen, fein würfeln und im Öl in einem breiten Topf glasig braten. Pastinaken und Kartoffeln zufü-gen, unter Rühren 1 Min. mit andünsten. Brühe dazugießen und aufkochen. Suppe bei mittlerer Hitze zugedeckt 20 Min. kochen lassen.

2. Petersilie waschen und trocken schütteln. Die Blätter bis auf einen kleinen Rest hacken. Petersilie und Sahne zur Suppe geben und alles fein pürieren. Mit Salz, Pfeffer, Muskat und Zitronensaft abschmecken. Die Suppe noch 5 Min. bei schwa-cher Hitze ziehen lassen. Schüttelbrot grob zerbröckeln und obendrauf streuen. Mit Petersilie garnieren.

Ob an heißen Tagen mit jungem Gemüse oder im Winter mit deftigeren Sorten zubereitet – je mehr Gemüse im Suppentopf landet, desto besser schmeckt die Minestrone. So leicht, so frisch, mit zartem Biss – da jubelt selbst der Suppenkaspar!

Italienische Minestrone

ZUTATEN FÜR 4 PORTIONEN
1 STD.
1 große Zwiebel
2 Knoblauchzehen
200 g dicke Bohnen oder grüne Bohnen (frisch oder TK)
1 Stange Lauch
1 Fenchelknolle
500 g reife Tomaten
2 EL Olivenöl
je 3 Stängel Petersilie und Thymian
1 l Gemüsebrühe
125 g Muschelnudeln
Salz | Pfeffer
2–3 Stängel Basilikum (nach Belieben)

Pro Portion ca. 260 kcal 10 g EW 7 g Fett 36 g KH

1. Zwiebel und Knoblauch schälen und fein würfeln. TK-Bohnen antauen lassen, dicke Bohnen evtl. aus den Hülsen drücken. Frische grüne Bohnen waschen, putzen und quer halbieren. Lauch putzen, längs aufschneiden, waschen und schräg in knapp 1 cm breite Scheiben schneiden. Fenchel waschen und vierteln, den Strunk keilförmig herausschneiden. Fenchel in 1/2 cm breite Stücke schneiden. Tomaten überbrühen, abschrecken, häuten und vierteln. Stielansatz und Kerne entfernen, Tomaten grob würfeln.

2. Das Öl in einem großen Topf erhitzen. Zwiebel und Knoblauch darin glasig dünsten. Bohnen, Fenchel und Tomaten dazugeben. Petersilie und Thymian waschen und nach Belieben zusammenbinden. Brühe mit den Kräutern hinzufügen und aufkochen. Suppe zugedeckt bei schwacher Hitze 10–15 Min. leise kochen lassen.

3. Nudeln und Lauch dazugeben, weitere 10 Min. bei schwacher Hitze garen. Kräuter entfernen, Suppe mit Salz und Pfeffer würzen. Minestrone in tiefe Teller verteilen. Evtl. Basilikumblätter abzupfen, abreiben und darüberstreuen.

Tuning-Tipp: Pro Portion 2–3 EL geriebenen Parmesan auf die Suppe streuen und ein wenig Olivenöl darübergießen. Nach Belieben noch Basilikum-Pesto dazu reichen.

Das schmeckt dazu: Italienisches Weißbrot oder Focaccia

Das steckt drin!

Kalium reguliert mit Natrium den Wasserhaushalt und wirkt bei der Reizleitung von Nerven, Muskeln und Herz mit. Zudem hilft das Mineral Energie aus Kohlenhydraten bereit- und Eiweiße herzustellen. Mangel oder Überschuss kommen selten vor. Täglich 2–3 g Kalium reichen und können mit Obst und Gemüse gedeckt werden.

So viel Kalium steckt in 100 g:
Fenchel 395 mg
Bananen 382 mg
Tomaten 242 mg

vege-tarisch

heiß-
geliebter
Klassiker

Kartoffelsuppe mit Würstchen

ZUTATEN FÜR 4 PORTIONEN
45 MIN.
500 g mehligkochende Kartoffeln
3 Möhren | 200 g Knollensellerie |
1 Stange Lauch | 1 Zwiebel
50 g durchwachsener Räucherspeck
3 EL Rapsöl | 2 TL Majoran
800 ml Kalbsfond (Glas;
ersatzweise Fleischbrühe)
2 EL Crème fraîche | Salz | Pfeffer
4 Wiener Würstchen (ca. 250 g)
1 Bund Schnittlauch (nach Belieben)

Pro Portion ca. 490 kcal 15 g EW
38 g Fett 22 g KH

1. Die Kartoffeln schälen und 1 cm klein würfeln. Möhren und Sellerie putzen, schälen, beides in kleine Würfel schneiden. Den Lauch putzen, längs aufschneiden, waschen und in feine Ringe schneiden. Die Zwiebel schälen und fein würfeln. Den Speck würfeln.

2. Das Öl in einem großen Topf erhitzen, Zwiebel und Speck darin dünsten, bis die Zwiebelwürfel glasig sind. Möhren, Sellerie und Lauch hinzufügen, 5 Min. andünsten. Kartoffeln und Majoran dazugeben, Fond angießen und aufkochen. Das Gemüse zugedeckt in 15 Min. weich kochen.

3. Ein Drittel des Gemüses herausnehmen. Die übrige Suppe mit der Crème fraîche pürieren und mit Salz und Pfeffer abschmecken. Würstchen in Scheiben schneiden und mit dem beiseitegestellten Gemüse in der Suppe heiß werden lassen. Evtl. Schnittlauch waschen, trocken schütteln und fein schneiden. Suppe damit bestreut servieren.

vegeta-risch

Rote Linsencremesuppe

ZUTATEN FÜR 4 PORTIONEN
30 MIN.
250 g rote Linsen
1 Zwiebel | 2 EL Olivenöl
1 TL edelsüßes oder rosenscharfes
Paprikapulver
Salz | Pfeffer
750 ml kräftige Gemüsebrühe
500 ml Tomatensaft
4–5 Stängel Petersilie
150 g Joghurt
2–3 EL Zitronensaft

Pro Portion ca. 280 kcal 17 g EW
8 g Fett 32 g KH

1. Linsen in einem Sieb kalt abbrausen und abtropfen lassen. Zwiebel schälen und fein hacken. Das Öl in einem Topf erhitzen. Zwiebel und Paprikapulver darin anbraten, salzen und pfeffern. Linsen dazugeben und kurz mitbraten. Brühe und Tomatensaft angießen, aufkochen und alles zugedeckt bei mittlerer Hitze 20–25 Min. garen.

2. Petersilie waschen und trocken schütteln. Blätter fein hacken und bis auf einen kleinen Rest unter den Joghurt rühren. Joghurt salzen und pfeffern.

3. Die Linsensuppe mit dem Pürierstab oder im Mixer pürieren, mit Salz, Pfeffer und Zitronensaft abschmecken. Suppe in tiefen Tellern anrichten, je 1 EL Petersilien-Joghurt daraufgeben und mit einem Löffel spiralförmig verziehen. Suppe mit übriger Petersilie garniert servieren.

Klar, eine Fleischbrühe selbst herzustellen erfordert ein wenig Geduld – aber Ihre Familie wird sie lieben. Am besten gleich mehr davon kochen und griffbereit einfrieren – als Basic-Zutat für jede gute Suppe!

Rinder-Bouillon

ZUTATEN FÜR 6 PORTIONEN (ERGIBT CA. 1,5 L)
35 MIN. + 3 STD. GAREN
800 g Suppenfleisch (Rindfleisch aus Brust oder Bauch)
1 Rinderbeinscheibe (ca. 450 g)
400 g Fleischknochen
1 große Zwiebel
2 Lorbeerblätter
2–3 Gewürznelken
1 EL schwarze Pfefferkörner
Salz | 1 Stange Lauch
2 große Möhren
200 g Knollensellerie
3–4 Stängel Petersilie

Pro Portion ca. 185 kcal 20 g EW 8 g Fett 7 g KH

1. Suppenfleisch, Beinscheibe und Knochen unter kaltem Wasser gründlich waschen und in einen ausreichend großen Suppentopf geben. 3 l kaltes Wasser angießen. Die Zwiebel samt Schale halbieren, an den Schnittflächen in einer heißen Pfanne ohne Fett anbraten.

2. Zwiebel, Lorbeer, Nelken, Pfefferkörner und 2 TL Salz in den Topf geben und alles offen langsam zum Kochen bringen. Den Schaum, der sich an der Oberfläche bildet, mit einem Schaumlöffel entfernen und die Brühe offen bei schwacher Hitze 1 Std. kochen lassen.

3. Inzwischen den Lauch putzen und waschen, Möhren und Sellerie schälen. Gemüse grob würfeln, mit den Petersilienstängeln zur Brühe geben und das Ganze weitere 2 Std. bei mittlerer Hitze kochen lassen.

4. Das Fleisch herausheben. Die Brühe durch ein feines Sieb oder noch besser durch ein mit einem sauberen Küchentuch ausgelegtes Sieb in einen anderen Topf gießen und abkühlen lassen. Das Gemüse wegwerfen, Fleisch klein schneiden und z. B. als Suppeneinlage oder für einen Rindfleischsalat verwenden. Die Bouillon pur, mit Schnittlauchröllchen bestreut oder mit einer Einlage (Rezepte Seite 78 und 79) servieren.

Vorrats-Tipp: Zum Aufbewahren die Bouillon in Einmachgläser füllen und abkühlen lassen. Sie hält sich im Kühlschrank gut verschlossen ca. 1 Woche. Oder Sie entfetten die Brühe (einfach erkalten lassen und das erstarrte Fett abheben!), füllen sie in Portionsbehälter und frieren sie bis zur Verwendung ein. Haltbarkeit: 6–8 Monate.

Austausch-Tipp: Für eine Hühnerbrühe statt Rindfleisch und Knochen 1 Suppenhuhn (ohne Innereien, 1,5–2 kg) nehmen und wie im Rezept beschrieben zubereiten, aber nur insgesamt 1 1/2 Std. kochen lassen.

Grieß-Nocken

ZUTATEN FÜR 4–6 PORTIONEN
30 MIN.
250 ml Milch | 30 g Butter | Salz | frisch geriebene
Muskatnuss | 1/2 TL abgeriebene Bio-Zitronenschale |
150 g Hartweizengrieß | 1 Ei (Größe M) | 1 Eigelb |
1 EL Schnittlauchröllchen

Pro Portion (bei 6) ca. 170 kcal 6 g EW 8 g Fett 19 g KH

1. Milch und Butter aufkochen, mit Salz, Muskat und Zitronenschale kräftig würzen. Den Grieß in die kochende Milch einrühren. Die Hitze reduzieren und den Grießbrei kräftig rühren,
bis er sich als Kloß vom Topfboden löst. Den Topf vom Herd
nehmen, Ei und Eigelb unterrühren. Die Masse kurz ruhen
lassen. Mit Hilfe von zwei Teelöffeln, die man in kaltes Wasser
taucht, aus der Masse Nocken formen.

2. In einem großen Topf Salzwasser zum Kochen bringen. Die
Grießnocken hineingeben, dann bei schwächerer Hitze im leise
kochenden Wasser 5 Min. garen. Wenn sie an der Oberfläche
schwimmen, die Nocken mit einer Schaumkelle herausheben,
abtropfen lassen und zum Servieren in tiefe Teller geben.
Heiße Brühe darüberschöpfen. Mit Schnittlauch bestreuen.

Sesam-Flädle

ZUTATEN FÜR 4–6 PORTIONEN
30 MIN.
2 EL Sesam | 125 ml Milch | 50 g Mehl | 2 Eier (Größe M) |
1/2 TL Salz | 2 Msp. Currypulver | 4 TL Butterschmalz

Pro Portion (bei 6) ca. 145 kcal 4 g EW 11 g Fett 7 g KH

1. Den Sesam in einer Pfanne ohne Fett anrösten und abkühlen lassen. Milch, Mehl, Eier, Sesam, Salz und Curry in einer
Schüssel zu einem glatten Teig verrühren.

2. In einer großen beschichteten Pfanne das Butterschmalz
erhitzen. Die Hälfte des Teigs hineingeben und bei mittlerer
Hitze in 5–6 Min. von beiden Seiten einen dünnen Pfannkuchen backen. Aus dem übrigen Teig einen zweiten Pfannkuchen backen. Pfannkuchen abkühlen lassen.

3. Dann die Pfannkuchen einrollen und in Streifen schneiden.
Zum Servieren Flädle in tiefe Teller geben. Heiße Brühe darüberschöpfen.

Austausch-Tipp: Statt geröstetem Sesam 2 EL gehackte
Kräuter unter den Teig heben.

gut vor-
zubereiten

herzhaft
& kräftig

Schinken-Maultäschchen

ZUTATEN FÜR 4–6 PORTIONEN
1 STD. + 30 MIN. RUHEN

125 g Mehl + Mehl zum Ausrollen | 2 Eier (Größe L) | Salz | 100 g gekochter Schinken | 1 kleine Schalotte | 2 EL grob gehackte Petersilie | 2 TL Crème fraîche | Pfeffer

Pro Portion (bei 6) ca. 125 kcal 8 g EW 3 g Fett 15 g KH

1. Mehl mit 1 Ei, 1/4 TL Salz und 1–2 EL Wasser zu einem festen Nudelteig verkneten. Teig in Folie wickeln, 30 Min. ruhen lassen. Inzwischen den Schinken würfeln. Schalotte schälen und hacken. Übriges Ei trennen. Schinken, Schalotte, Petersilie, Crème fraîche und Eigelb im Mixer oder Blitzhacker zu einer homogenen Masse zerkleinern. Mit Salz und Pfeffer würzen.

2. Nudelteig auf wenig Mehl messerrückendick ausrollen oder durch die Nudelmaschine drehen. Quadrate (ca. 6 x 6 cm) ausschneiden. Je knapp 1 TL Füllung in die Mitte des Teigstückes setzen, Ränder mit Eiweiß bestreichen. Teig zusammenklappen, Ränder andrücken. Salzwasser aufkochen. Maultaschen darin bei schwächerer Hitze in 8–10 Min. gar ziehen lassen. Herausnehmen. Zum Servieren heiße Brühe darüberschöpfen.

Speck-Semmel-Knödelchen

ZUTATEN FÜR 4–6 PORTIONEN
40 MIN. + 30 MIN. QUELLEN

4 Brötchen vom Vortag (ca. 200 g) | 50 g durchwachsener Räucherspeck | 150 ml Milch | 30 g Butter | 1/2 Bund Petersilie | 2 Eier (Größe M) | 30 g Mehl | Salz | Pfeffer

Pro Portion (bei 6) ca. 240 kcal 7 g EW 13 g Fett 24 g KH

1. Die Brötchen in 1/2 cm große Würfel schneiden und in eine Schüssel geben. Den Speck sehr klein würfeln, in einer heißen Pfanne ausbraten und vom Herd nehmen.

2. Milch und Butter aufkochen und über die Brötchenwürfel gießen und gut mischen. Petersilie waschen und trocken schütteln. Die Blätter fein hacken und mit Speck, Eiern und Mehl zu den Brötchen geben. Alles mit Salz und Pfeffer würzen und gut mischen. Die Masse 30 Min. quellen lassen.

3. Reichlich Salzwasser aufkochen. Aus der Masse mit feuchten Händen 12–14 kleine Knödel formen. Knödelchen ins kochende Wasser geben und bei schwächerer Hitze 10–12 Min. gar ziehen lassen. Herausheben und abtropfen lassen. Zum Servieren in tiefe Teller geben, heiße Brühe darüberschöpfen.

raffi-
niert
gewürzt

Thai-Curry-Suppe mit Hähnchen

**ZUTATEN FÜR 4 PORTIONEN
30 MIN.**
1 Stück Ingwer (ca. 2 cm)
2 Knoblauchzehen | 2 Stängel
Zitronengras | 150 g Shiitake
300 g Romanesco oder Blumenkohl
200 g Kirschtomaten
400 g Hähnchenbrustfilet
4 EL Raps- oder Erdnussöl
4 TL rote Thai-Currypaste
400 ml ungesüßte Kokosmilch
500 ml Gemüsebrühe | Salz | Pfeffer

Pro Portion ca. 450 kcal 27 g EW
32 g Fett 11 g KH

1. Den Ingwer und Knoblauch schälen und fein würfeln. Zitronengras waschen, in 10 cm lange Stücke schneiden und mit dem Boden einer Kasserolle flach klopfen. Shiitakepilze abreiben, entstielen und evtl. halbieren. Romanesco oder Blumenkohl waschen, putzen und in sehr kleine Röschen teilen. Tomaten waschen und evtl. halbieren. Hähnchenfilet waschen, trocken tupfen und in 1/2 cm dicke Scheiben schneiden. Mit 2 EL Öl und der Currypaste vermischen.

2. Fleisch im übrigen Öl 2 Min. rundherum anbraten und herausnehmen. Ingwer, Knoblauch, Zitronengras, Pilze und Romanesco oder Blumenkohl in den Topf geben und 2 Min. unter Rühren dünsten. Kokosmilch und Brühe dazugießen und aufkochen. Fleisch und Tomaten zufügen, die Suppe bei mittlerer Hitze weitere 2 Min. kochen lassen. Mit Salz und Pfeffer würzen.

Tuning-Tipp: Die Suppe mit 2 EL Limettensaft abrunden und mit 1/2 Bund grob gehacktem Koriandergrün bestreut servieren.

Bohneneintopf mit Mettklößchen

ZUTATEN FÜR 4 PORTIONEN
1 STD. + 12 STD. EINWEICHEN
je 150 g getrocknete weiße und
rote Bohnen
1 große Zwiebel | 2 Knoblauchzehen
400 g Suppengemüse (Möhre,
Sellerie, Lauch)
5 EL Olivenöl | 2 EL Tomatenmark
1–2 EL Chilipulver (Gewürzmischung)
750 ml kräftige Fleischbrühe
400 g Schweinemett | Salz | Pfeffer

Pro Portion ca. 690 kcal 42 g EW
39 g Fett 40 g KH

1. Die weißen und roten Bohnen über Nacht in reichlich kaltem Wasser einweichen. Am nächsten Tag im Einweichwasser (ohne Salz!) bei mittlerer Hitze 45 Min. vorkochen, dann abgießen.

2. Zwiebel und Knoblauch schälen und klein würfeln. Suppengemüse waschen bzw. schälen, putzen und klein würfeln. 3 EL Öl in einem Topf erhitzen. Zwiebeln und Knoblauch darin andünsten. Gemüse zufügen und bei mittlerer Hitze 10 Min. mitdünsten. Tomatenmark und etwas Chilipulver einrühren. Brühe zugießen, aufkochen. Bohnen zugeben, 20 Min. bei schwacher Hitze garen.

3. Das Mett salzen, pfeffern und zu kleinen Klößchen formen. In einer großen Pfanne im übrigem heißen Öl bei mittlerer Hitze rundherum 6 Min. anbraten. Klößchen samt Bratfett in den Eintopf geben und darin noch 10 Min. ziehen lassen. Eintopf mit Salz, Pfeffer und Chilipulver abschmecken und servieren.

So exquisit kann Eintopf sein: zartes Entenfleisch,
frischer Rosenkohl, Möhren, Thymian und Esskastanien
in einer selbst gekochten Entenbrühe. Geröstete
Kürbiskerne und Petersilie toppen den Genuss.

Enteneintopf mit Rosenkohl

ZUTATEN FÜR 4–6 PORTIONEN
45 MIN. + 1 1/2 STD. GAREN
2 Entenkeulen (à ca. 400 g)
Salz
2 Zwiebeln | 750 g Rosenkohl
250 g Möhren | 1 Bund Thymian
2 EL Rapsöl
400 g gegarte Esskastanien (vakuumverpackt)
Pfeffer | frisch geriebene Muskatnuss
2 EL Kürbiskerne
1/2 Bund Petersilie

Pro Portion (bei 6) ca. 480 kcal 29 g EW 26 g Fett 31 g KH

1. Die Entenkeulen waschen, mit 2 TL Salz in 1,5 l kaltes Wasser geben und langsam zum Kochen bringen. 1 Zwiebel schälen, in Spalten schneiden und zu den Keulen geben. Alles zugedeckt bei schwacher Hitze 1 Std. garen.

2. Inzwischen den Rosenkohl waschen und putzen, größere Köpfe halbieren. Möhren schälen und in 1 cm dicke Scheiben schneiden. Übrige Zwiebel schälen und fein würfeln. Thymian waschen und trocken schütteln. Blättchen abstreifen und hacken.

3. Die Entenkeulen aus dem Topf nehmen. Die Brühe durch ein Sieb in ein Gefäß gießen. Das Öl im Topf erhitzen. Zwiebel, Rosenkohl, Möhren und Thymian darin 3 Min. bei mittlerer Hitze andünsten. Brühe dazugießen und aufkochen. Alles offen 15 Min. bei schwacher Hitze garen.

4. Inzwischen die Keulen häuten, das Fleisch von den Knochen ablösen und klein schneiden. Das Fleisch mit den Kastanien zum Gemüse geben. Alles mit Salz, Pfeffer und Muskat würzen und noch 5 Min. bei schwacher Hitze ziehen lassen. Die Kürbiskerne in einer Pfanne ohne Fett anrösten und abkühlen lassen. Petersilie waschen und trocken schütteln. Die Blätter hacken. Enteneintopf mit Petersilie und Kürbiskernen bestreut servieren.

Speed-Tipp: Keine Zeit für eine selbst gekochte Entenbrühe? Dann nehmen Sie fertigen Entenfond (Glas). Die Keulen durch 2 Entenbrustfilets ersetzen und im Eintopf mit dem Gemüse 15 Min. ziehen lassen, dann klein schneiden.

Das steckt drin!

Folsäure brauchen wir für die Bildung von neuen Zellen und Blutkörperchen. Aber auch für die Weiterleitung von Erbinformation ist das Zellvitamin unverzichtbar. Schwangere benötigen besonders viel Folsäure, damit sich der Embryo gesund entwickelt. Denn in den ersten zwei Monaten verdoppelt sich der Tagesbedarf von 400 µg auf 800 µg.

So viel Folsäure steckt in 100 g:
Kichererbsen 340 µg
Rosenkohl 182 µg
Spinat 145 µg

Steckrübeneintopf mit Chorizo

ZUTATEN FÜR 4 PORTIONEN
30 MIN. + 25–30 MIN. GAREN

500 g Steckrüben | 250 g Möhren | 500 g festkochende Kartoffeln | 2 Zwiebeln | 150 g Chorizo (spanische Paprikawurst; ersatzweise Cabanossi) | 2 EL Olivenöl | 900 ml Gemüsebrühe | 1 EL gehackter Thymian (ersatzweise 2 TL getrockneter) | Salz | Pfeffer | 1/2 Bund frisch gehackte Petersilie

Pro Portion ca. 330 kcal 12 g EW 19 g Fett 26 g KH

1. Steckrüben, Möhren und Kartoffeln schälen und 2 cm groß würfeln. Zwiebeln schälen und in Spalten schneiden. Chorizo in dünne Scheiben schneiden.

2. Das Öl erhitzen. Chorizo darin unter Rühren 3 Min. braten und herausnehmen. Zwiebeln im Bratfett glasig dünsten. Gemüse zugeben und 2–3 Min. mitdünsten. Brühe und Thymian zufügen. Eintopf mit Salz und Pfeffer würzen, aufkochen und zugedeckt bei schwacher Hitze 25–30 Min. garen. Chorizo unterrühren und erwärmen. Eintopf mit der Petersilie bestreut servieren.

Grünkohleintopf mit Kasseler

ZUTATEN FÜR 4 PORTIONEN
40 MIN. + 35 MIN. GAREN

1 kg Grünkohl | 2 Zwiebeln | 2 EL Rapsöl | 500 g Kasseler (roh geräuchert, ohne Knochen) | 750 ml Fleischbrühe | 400 g kleine festkochende Kartoffeln | 1 großer roter Apfel | 1 EL Honig | 2 EL Zitronensaft | Salz | Pfeffer

Pro Portion ca. 280 kcal 15 g EW 10 g Fett 32 g KH

1. Grünkohl waschen, Blattstrünke und -rippen entfernen. Blätter hacken. Zwiebeln schälen, würfeln und im heißen Öl mit dem Kasseler anbraten. Grünkohl 3 Min. mitdünsten. Brühe angießen und aufkochen. Grünkohl zugedeckt bei schwacher Hitze 10 Min. garen. Kartoffeln schälen, waschen, halbieren und weitere 25 Min. mitgaren.

2. Apfel waschen, vierteln, entkernen und in Spalten schneiden. Honig in einer Pfanne erwärmen, Apfelspalten und Zitronensaft darin 1–2 Min. dünsten. Kasseler aus dem Eintopf nehmen und in Scheiben schneiden. Eintopf salzen, pfeffern, mit Kasseler und Apfelspalten anrichten.

deftig-kräftig

reich an Vitamin C

Eine Suppe, wie man sie in Ungarn liebt: mit wunderbar
mürbem Rindfleisch, Paprika und Kartoffeln, dazu
eine kräftige Brühe. Alles kommt aus einem großen Topf –
da geht's bei Tisch besonders temperamentvoll zur Sache.

Gulaschsuppe mit Paprika

ZUTATEN FÜR 4 PORTIONEN
40 MIN. + 1 STD. 30 MIN. GAREN

500 g Rindfleisch am Stück (z. B. Keule oder Schulter)
2 Zwiebeln
1 Knoblauchzehe (nach Belieben)
2 EL Olivenöl
2 EL Tomatenmark
je 1 EL rosenscharfes und edelsüßes Paprikapulver
125 ml trockener Rotwein (ersatzweise Fleischbrühe)
700 ml kräftige Fleischbrühe
Salz | Pfeffer
1 TL getrockneter Majoran
300 g festkochende Kartoffeln
je 1 rote und gelbe Paprikaschote

Pro Portion ca. 330 kcal 29 g EW 15 g Fett 14 g KH

immer
wieder
gut

1. Das Fleisch trocken tupfen und in 1–2 cm große Würfel schneiden. Zwiebeln und evtl. den Knoblauch schälen, beides klein würfeln. Das Öl in einem breiten Topf erhitzen, Fleisch darin in zwei Portionen unter Rühren bei mittlerer Hitze 5 Min. braten, Zwiebeln und Knoblauch 5 Min. mitbraten. Tomatenmark und beide Paprikapulversorten dazugeben und kurz mitbraten.

2. Alles mit Wein und Brühe ablöschen und mit Salz, Pfeffer und Majoran würzen. Suppe zum Kochen bringen und bei schwacher Hitze zugedeckt 1 Std. kochen lassen.

3. Inzwischen die Kartoffeln schälen und 1 cm groß würfeln. Paprikaschoten vierteln, entkernen, waschen und in feine Würfel schneiden. Kartoffeln und Paprika in die Suppe rühren und zugedeckt bei schwacher Hitze noch 25–30 Min. kochen lassen. Die Suppe abschmecken und heiß servieren.

Das schmeckt dazu: Crème fraîche oder saure Sahne

Tuning-Tipp: Für zusätzlichen Pep 2 klein gehackte Knoblauchzehen mit der fein abgeriebenen Schale von 1/2 Bio-Zitrone, 1 TL klein gehacktem Kümmel sowie etwas Salz vermischen. Die Würzmischung 5 Min. vor Ende der Garzeit in die Suppe rühren.

Das steckt drin!

Eisen wird für die Blutbildung und den Sauerstofftransport im Körper benötigt. Als »Wachmacher« für die Zellen stärkt es die Abwehrkraft und beugt Leistungsschwäche vor. Fleisch gilt als Top-Eisenquelle. Auch pflanzliche Lebensmittel enthalten das Mineral, das unser Körper jedoch nicht so gut verwerten kann. Vitamin C (z. B. in Orange, Kiwi) unterstützt die Eisenaufnahme. Unser Tagesbedarf liegt bei 10–15 mg.

So viel Eisen steckt in 100 g:
Rindfleisch (Keule) 2,6 mg
Linsen 8,0 mg
Pfifferlinge 6,5 mg

unkom-
pliziert

Fischtopf Pichelsteiner Art

ZUTATEN FÜR 4 PORTIONEN
50 MIN. + 20 MIN. GAREN
4 Lachssteaks (à 170 – 200 g)
Salz | Pfeffer
2 EL Zitronensaft
400 g Kartoffeln
250 g Möhren | 1 Stange Lauch
300 g Chinakohl
2 Zwiebeln | 2 EL Butterschmalz
3 Zweige Thymian
400 ml Fischfond (Glas)
250 ml Gemüsebrühe

Pro Portion ca. 550 kcal 45 g EW
33 g Fett 18 g KH

1. Die Fischsteaks waschen, trocken tupfen, mit Salz, Pfeffer und Zitronensaft würzen. Kartoffeln waschen und schälen, Möhren putzen und schälen, beides in sehr dünne Scheiben hobeln oder schneiden. Lauch und Chinakohl putzen und waschen. Lauch in 1/2 cm dünne Scheiben, Kohl in 2 x 2 cm große Stücke schneiden. Kartoffeln und Gemüse mischen. Zwiebeln schälen und fein hacken.

2. Das Schmalz in einem breiten Topf erhitzen, Zwiebeln darin kurz anbraten. Die Hälfte von der Gemüse-Mischung in den Topf geben, salzen und pfeffern. Die Lachssteaks darauflegen, das übrige Kartoffel-Gemüse darauf verteilen, salzen und pfeffern. Thymian waschen und zufügen. Fond und Brühe angießen und langsam aufkochen. Fischtopf zugedeckt bei schwacher Hitze 20 Min. garen und heiß servieren, nach Belieben noch mit je 1 Klecks Schmand pro Portion garnieren.

schmeckt nach Urlaub

Paella-Eintopf

**ZUTATEN FÜR 4 PORTIONEN
35 MIN.**

1 Zwiebel | 2 Knoblauchzehen
4 EL Olivenöl | 150 g Risotto-Reis
1 Döschen gemahlener Safran (0,1 g)
1,5 l Hühnerbrühe
1 Packung TK-»Frutti di mare«
(225 g Abtropfgewicht)
300 g Hähnchenbrustfilets
150 g TK-Erbsen
1 große Fleischtomate
Salz | Cayennepfeffer

Pro Portion ca. 415 kcal 30 g EW
15 g Fett 38 g KH

1. Zwiebel und Knoblauch schälen, fein würfeln und in 2 EL Öl glasig dünsten. Dann Reis und Safran 1–2 Min. mit andünsten. 1 l Brühe dazugießen und den Reis bei schwacher Hitze 20 Min. garen, dabei gelegentlich umrühren.

2. Inzwischen den Meeresfrüchte-Mix antauen lassen. Hähnchenfilets waschen, trocken tupfen und klein würfeln. Übriges Öl in einer Pfanne erhitzen, Fleisch darin 3–4 Min. unter Wenden anbraten, Meeresfrüchte zugeben. Alles mit der übrigen Brühe ablöschen und zugedeckt 3–4 Min. garen.

3. Die Erbsen antauen lassen. Die Tomate waschen, vom Stielansatz befreien, halbieren und entkernen, dann in kleine Würfel schneiden. Erbsen und Tomatenwürfel in den Reis-Eintopf geben und noch 5 Min. mitgaren. Den Hähnchen-Meeresfrüchte-Mix unterheben und heiß werden lassen. Den Eintopf mit Salz und Cayennepfeffer abschmecken und in Suppentellern anrichten.

leicht & lecker

Kirsch-Kaltschale mit Schnee-Eiern

ZUTATEN FÜR 4 PORTIONEN
50 MIN. + 2 STD. KÜHLEN

500 g Sauerkirschen oder entsteinte
TK-Sauerkirschen
1 Vanilleschote
400 ml Kirschsaft
100 ml Orangensaft
150 g Zucker
1 gehäufter EL Speisestärke
2 Eiweiß
1 TL Zitronensaft | Salz
Zitronenmelisse zum Garnieren

Pro Portion ca. 290 kcal 3 g EW
1 g Fett 67 g KH

1. Kirschen waschen, abtropfen lassen, entstielen und entsteinen. TK-Kirschen antauen lassen. Vanilleschote aufschlitzen, das Mark herauskratzen. Kirschsaft, Orangensaft und 90 g Zucker aufkochen und mit dem Mark 5 Min. offen einkochen lassen. Die Stärke mit 3 EL Wasser verquirlen, in den Saft rühren und die Flüssigkeit 1–2 Min. kochen lassen. Kirschen zugeben, alles einmal aufkochen. Suppe vom Herd ziehen und 2 Std. abkühlen lassen.

2. Für die Klößchen die Eiweiße mit dem Zitronensaft steif schlagen, dabei 60 g Zucker einrieseln lassen.

3. 1 l Wasser mit 1 Prise Salz zum Kochen bringen. Aus der Eischneemasse mit zwei in heißes Wasser getauchten Teelöffeln 16 Nocken abstechen. Die Hälfte der Nocken im Salzwasser zugedeckt bei schwacher Hitze 2 Min. von jeder Seite garen. Fertige Klößchen mit einer Schaumkelle herausheben. Übrige Nocken ebenso garen. Kaltschale mit Nocken und Melisse garniert servieren.

Mango-Kokos-Suppe

ZUTATEN FÜR 4 PORTIONEN
25 MIN. + 1 STD. KÜHLEN

1 kleine Bio-Limette
2 kleine, reife Mangos
50 g brauner Zucker
250 ml Maracujasaft
400 ml ungesüßte Kokosmilch
20 g Zartbitter-Schokolade
2 EL Kokoschips

Pro Portion ca. 360 kcal 3 g EW
20 g Fett 40 g KH

1. Limette heiß waschen und abtrocknen. Schale fein abreiben, den Saft auspressen. Mangos schälen, das Fruchtfleisch am Stein entlang abschneiden. Ein Drittel davon beiseitelegen. Übriges Fruchtfleisch klein würfeln und in einen Mixer oder eine hohe Rührschüssel geben. Zucker, Maracujasaft, Kokosmilch und 3 EL Limettensaft hinzufügen und alles im Mixer oder mit dem Pürierstab fein pürieren. Mit Limettenschale abschmecken und 1 Std. kalt stellen.

2. Inzwischen übriges Mangofleisch in Spalten oder Würfel schneiden. Mango-Kokos-Suppe in tiefe Teller verteilen. Mangostücke daraufgeben. Schokolade grob hacken und mit den Kokoschips aufstreuen. Suppe sofort servieren.

Tipp: Sie können die Kaltschale auch als Smoothie in einem Glas mit einem dicken Trinkhalm genießen – zum Beispiel zum Frühstück oder als Imbiss zwischendurch. Die Mangowürfel auf kleine Spieße stecken und dazureichen.

Gemüse & Kartoffeln

Frisch, farbenfroh und vielfältig.

Gesunder Appetit, Familie vital! Gemüse-Hits für Kids und tolle Knollen-Kombis

Blitzrezepte

reich an Kalzium

aus dem Vorrat

Schafkäse auf Gemüse

ZUTATEN FÜR 4 PORTIONEN
15 MIN. + 15 MIN. BACKEN
2 Pck. mediterranes TK-Pfannengemüse (à 480 g;
z. B. italienisch oder kretisch) | 4 EL Olivenöl | 1 Dose
weiße Riesenbohnen (250 g Abtropfgewicht) | Salz |
Pfeffer | 400 g Schafkäse (Feta) | abgeriebene Schale
von 1/2 Bio-Zitrone | 1 TL getrockneter Oregano |
1/2 Bund Petersilie

Pro Portion ca. 540 kcal 25 g EW 40 g Fett 21 g KH

1. Den Backofen auf 200° (Umluft 180°) vorheizen. Das
Pfannengemüse nach Packungsangabe in einer Pfanne mit
2 EL Olivenöl zubereiten. Die Bohnen in ein Sieb abgießen,
kalt abbrausen, abtropfen lassen und unter das Gemüse
heben. Alles mit Salz und Pfeffer abschmecken.

2. Das Gemüse in eine große Auflaufform geben. Den
Schafkäse abtropfen lassen, in Würfel schneiden
und auf das Gemüse legen. Zitronenschale, Oregano und
übriges Öl verrühren und über den Feta träufeln. Gemüse
und Käse im Ofen (Mitte) 15 Min. backen. Inzwischen
die Petersilie waschen und trocken schütteln. Die Blätter
hacken. Gratin damit bestreut servieren.

Das schmeckt dazu: Fladenbrot oder Baguette

Tomaten-Salbei-Gnocchi

ZUTATEN FÜR 4 PORTIONEN
25 MIN.
1 Zwiebel | 3 EL Olivenöl | 16–20 Salbeiblätter |
500 g stückige Tomaten (Tetrapak) | Salz | Pfeffer |
800 g Kartoffel-Gnocchi (Fertigprodukt; Kühlregal) |
50 g geriebener Parmesan

Pro Portion ca. 480 kcal 14 g EW 13 g Fett 77 g KH

1. Die Zwiebel schälen und in feine Würfel schneiden.
2 EL Olivenöl in einer großen Pfanne erhitzen, Salbeiblätter
abreiben und im heißen Öl 1–2 Min. braten, herausnehmen
und beiseitestellen. Das übrige Öl erhitzen. Zwiebelwürfel
darin glasig dünsten. Tomaten zufügen und unter Rühren
bei schwacher Hitze 4–5 Min. dünsten. Salzen und pfeffern.

2. Inzwischen die Gnocchi nach Packungsangabe in
kochendem Salzwasser 2–3 Min. garen, in einem Sieb
abgießen und abtropfen lassen. Gnocchi mit der Tomatensauce mischen und mit den Salbeiblättern in vorgewärmten
Tellern anrichten. Mit dem Parmesan bestreut servieren.

sahnig abgerundet

Piperade

ZUTATEN FÜR 4 PORTIONEN
25 MIN.
**2 Zwiebeln | je 1 rote und orange Paprikaschote |
400 g Tomaten | 3 EL Olivenöl | 100 g roher Schinken
(fein gewürfelt; Kühlregal) | 1 Pck. TK-Petersilie (50 g) |
6 Eier (Größe M) | Salz | Pfeffer**

Pro Portion ca. 330 kcal 20 g EW 24 g Fett 7 g KH

1. Die Zwiebeln schälen, halbieren und in dünne Scheiben schneiden. Die Paprikaschoten vierteln, entkernen,
waschen und in 1/2 cm breite Streifen schneiden. Tomaten
waschen, vom Stielansatz befreien, vierteln, entkernen und
grob würfeln.

2. Das Öl in einer großen beschichteten Pfanne erhitzen,
Zwiebeln und Paprika 5 Min. dünsten. Tomaten, Schinken
und Petersilie dazugeben. Die Eier mit Salz und Pfeffer
verrühren. Eiermasse über die Zutaten in der Pfanne gießen
und bei schwacher Hitze in 5 Min. stocken lassen.

3. Omelett auf eine große Platte gleiten lassen, wenden,
zurück in die Pfanne geben und noch 5 Min. braten. Zum
Servieren in Portionsstücke schneiden.

Das schmeckt dazu: Mischbrot oder Baguette

Linsengemüse

ZUTATEN FÜR 4 PORTIONEN
25 MIN.
**2 Dosen braune Linsen (à 265 g Abtropfgewicht) |
1 Bund Suppengrün | 1 Zwiebel | 2 EL Butter |
200 ml Gemüsebrühe | 150 g Schmand | 1 EL Senf |
Salz | Pfeffer | 1 Bund Schnittlauch**

Pro Portion ca. 270 kcal 12 g EW 14 g Fett 22 g KH

1. Die Linsen in ein Sieb abgießen, kalt abbrausen und abtropfen lassen. Suppengrün waschen, putzen bzw. schälen
und klein würfeln. Zwiebel schälen und fein hacken.

2. Die Butter in einem Topf zerlassen, Zwiebel und Suppengrün darin 2–3 Min. andünsten. Mit der Brühe ablöschen
und zugedeckt bei mittlerer Hitze 5 Min. dünsten. Schmand
einrühren und alles aufkochen. Linsen unterrühren und
mit erwärmen. Mit Senf, Salz und Pfeffer abschmecken.
Den Schnittlauch waschen, trocken schütteln und in feine
Röllchen schneiden. Eine Hälfte untermischen. Linsen mit
übrigem Schnittlauch bestreut servieren.

Das schmeckt dazu: Gebratenes Lachs- oder Zanderfi-
let. Oder das Gemüse als Eintopf mit Würstchen servieren.
Dann 600 ml Brühe nehmen.

Omelett baskische Art

Kohlrabi in Kräutersauce

ZUTATEN FÜR 4 PORTIONEN
30 MIN.
4 junge Kohlrabi mit Blättern (à ca. 200 g) | 2 Schalotten |
2 EL Butter | 2 TL Mehl | 250 ml Gemüsefond (Glas; ersatz-
weise Brühe) | je 1/2 Bund Petersilie und Schnittlauch |
1 Handvoll Kerbel | 2 Stängel Basilikum | 150 g Crème
fraîche | Salz | Pfeffer | 1–2 TL Zitronensaft

Pro Portion ca. 230 kcal 4 g EW 19 g Fett 9 g KH

1. Kohlrabi putzen, schälen und in Spalten schneiden. Die
zarten Blätter waschen und in feine Streifen schneiden.
Schalotten schälen, fein würfeln und in der Butter glasig
dünsten. Kohlrabi zugeben und 2–3 Min. mitdünsten. Mehl
darüberstäuben. Alles mit dem Fond ablöschen und zugedeckt
8–10 Min. bei mittlerer Hitze dünsten.

2. Inzwischen die Kräuter waschen und trocken schütteln. Die
Blätter hacken, Schnittlauch in Röllchen schneiden. Crème
fraîche und Kräuter unter das Gemüse rühren, Gemüse noch
5 Min. ziehen lassen. Mit Salz, Pfeffer und Zitronensaft abschmecken und mit Kohlrabigrün bestreut servieren.

fein im Frühling

Bundmöhren mit Mohn-Butter

ZUTATEN FÜR 4 PORTIONEN
25 MIN.
750 g kleine Bundmöhren mit Grün | 2 EL Rapsöl |
1 TL Zucker | 150 ml Gemüsebrühe | Salz | Pfeffer |
50 g Butter | 2 EL Mohn

Pro Portion ca. 220 kcal 3 g EW 19 g Fett 9 g KH

1. Das Grün der Bundmöhren knapp über dem Wurzelansatz
abschneiden. Möhren mit einer Gemüsebürste unter kaltem
Wasser gründlich abbürsten. Das Öl in einem breiten Topf erhitzen, Zucker darin schmelzen lassen. Brühe dazugießen und
2–3 Min. offen einkochen lassen. Möhren dazugeben und zugedeckt 10–12 Min. dünsten. Mit Salz und Pfeffer abschmecken.

2. Inzwischen die Butter in einer Pfanne schmelzen und einmal
kräftig aufschäumen lassen. Mohn kurz darin schwenken,
Butter leicht salzen und pfeffern. Möhren anrichten und mit
der Mohn-Butter beträufelt servieren.

Das schmeckt dazu: Kurzgebratenes Fleisch wie Schwei-
ne- oder Kalbsmedaillons und Weißbrot

reich an Beta-Carotin

Bohnen-Tomaten-Gemüse

ganz einfach

ZUTATEN FÜR 4 PORTIONEN
30 MIN.

700 g grüne Bohnen | Salz | 2 rote Zwiebeln | 2 Knoblauchzehen | 200 g kleine Tomaten | 4 EL Olivenöl | Pfeffer | 1/2 Bund Basilikum

Pro Portion ca. 180 kcal 5 g EW 13 g Fett 11 g KH

1. Bohnen waschen, putzen und quer halbieren. In kochendem Salzwasser in 7 Min. bissfest garen, abgießen und abtropfen lassen. Inzwischen Zwiebeln schälen und in feine Streifen schneiden. Knoblauch schälen und in dünne Scheiben schneiden. Tomaten waschen, vom Stielansatz befreien und halbieren.

2. Das Öl in einer großen Pfanne erhitzen. Zwiebeln und Knoblauch darin glasig dünsten. Bohnen untermischen, salzen und pfeffern. Tomaten unterheben, alles noch 2 Min. dünsten. Basilikumblätter abzupfen, abreiben, in Streifen schneiden und unterheben.

Das schmeckt dazu: Gegrillte Lammkoteletts oder Schweinenackensteaks

reich an Vitamin C

Zitronen-Spinat mit Walnüssen

ZUTATEN FÜR 4 PORTIONEN
35 MIN.

30 g Walnusskerne | 700 g zarter Blattspinat | 1 Schalotte | 1 Bio-Zitrone | 2 EL Olivenöl | 1 EL Butter | Salz | Pfeffer | frisch geriebene Muskatnuss

Pro Portion ca. 150 kcal 5 g EW 13 g Fett 2 g KH

1. Die Walnüsse grob hacken, in einer Pfanne ohne Fett hellbraun anrösten und abkühlen lassen. Inzwischen den Spinat verlesen, putzen, waschen und gut abtropfen lassen. Schalotte schälen und fein würfeln. Die Zitrone heiß waschen und abtrocknen. Schale fein abreiben, den Saft auspressen.

2. Das Öl und die Butter in einem breiten Topf erhitzen. Schalottenwürfel darin 2 Min. andünsten. Spinat dazugeben und unter Rühren zusammenfallen lassen. Zugedeckt 2 Min. dünsten. Spinat mit Salz, Pfeffer, Muskat, Zitronenschale und -saft würzen und mit Walnüssen bestreut servieren.

Das schmeckt dazu: Gebratener oder gegrillter Fisch, z. B. Doradenfilet, Sardinen oder Forellen, oder kurz gebratenes Fleisch wie Lammkoteletts oder Rumpsteaks.

Buntes Frühlingsgemüse

ZUTATEN FÜR 4 PORTIONEN
35 MIN.
300 g Möhren
300 g Blumenkohl
250 g Zuckerschoten
1 Bund Frühlingszwiebeln
1 rote Zwiebel
3 EL Olivenöl | 1 EL Butter
Salz | Pfeffer
200 ml Gemüsebrühe
1–2 TL Zitronensaft
1 EL Schnittlauchröllchen

Pro Portion ca. 170 kcal 5 g EW
12 g Fett 10 g KH

1. Die Möhren putzen, schälen oder abbürsten und schräg in dünne Scheiben schneiden. Blumenkohl waschen, putzen und in Röschen teilen. Zuckerschoten putzen, waschen und nach Belieben schräg halbieren. Die Frühlingszwiebeln putzen, waschen und in 4 cm lange Stücke schneiden. Die Zwiebel schälen und in Spalten schneiden.

2. Öl und Butter in einem großen, breiten Topf erhitzen. Zwiebeln, Möhren und Blumenkohl darin 5 Min. unter Rühren andünsten. Frühlingszwiebeln und Zuckerschoten dazugeben, mit Salz und Pfeffer würzen. Brühe angießen. Gemüse zugedeckt in 6–7 Min. bei mittlerer Hitze bissfest garen, dabei gelegentlich umrühren. Mit Salz, Pfeffer und Zitronensaft abschmecken und mit Schnittlauch bestreut servieren.

Das schmeckt dazu: Fisch oder kurzgebratenes Fleisch, z. B. Schnitzel Wiener Art (Rezept Seite 172) oder Cordon bleu (Rezept Seite 180)

reich an Vital-stoffen

reich an Folsäure

Spargelragout mit Pinienkernen

ZUTATEN FÜR 4 PORTIONEN
35 MIN.
600 g weißer Spargel
500 g grüner Spargel
2 EL Butter | 1 EL Mehl
200 ml Gemüsefond (Glas;
ersatzweise Brühe)
50 g Sahne
2 TL Zitronensaft
Salz | Pfeffer
1/2 TL Zucker | 2 EL Pinienkerne
3–4 Stängel Basilikum

Pro Portion ca. 170 kcal 6 g EW
12 g Fett 9 g KH

1. Den weißen Spargel ganz schälen, den grünen nur im unteren Drittel. Die Enden abschneiden. Spargelstangen schräg in 3–4 cm lange Stücke schneiden. 1 EL Butter mit dem Mehl verkneten und beiseitestellen.

2. Die übrige Butter in einem breiten Topf erhitzen. Spargel darin bei schwacher Hitze 2–3 Min. andünsten, aber nicht bräunen. Fond, Sahne und Zitronensaft angießen. Alles mit Salz, Pfeffer und Zucker würzen und aufkochen. Mehlbutter in Flöckchen unterrühren. Spargel zugedeckt bei mittlerer Hitze in 10–12 Min. bissfest garen.

3. Inzwischen die Pinienkerne in einer Pfanne ohne Fett goldbraun anrösten und abkühlen lassen. Basilikumblätter abzupfen, abreiben und grob hacken. Spargel mit Pinienkernen bestreuen und mit Basilikum garniert servieren.

Das schmeckt dazu: Schweine- oder Kalbsmedaillons und Wildreis

Rotkohl mit Birne

ZUTATEN FÜR 4 PORTIONEN
30 MIN. + 35 MIN. GAREN

1 Kopf Rotkohl (ca. 800 g) | 1 Zwiebel | 2 EL Rapsöl |
1 EL Zucker | 2 Lorbeerblätter | 150 ml trockener Rotwein
(ersatzweise Johannisbeersaft) | 200 ml Gemüsebrühe |
Salz | Pfeffer | 2 weiche Birnen (à ca. 200 g) | 2 EL Wild-
Preiselbeeren (Glas) | 2 EL Rotweinessig

Pro Portion ca. 200 kcal 3 g EW 7 g Fett 27 g KH

1. Vom Kohlkopf die äußeren Blätter entfernen, Kohl waschen,
vierteln und den Strunk entfernen. Kohl in sehr feine Streifen
schneiden oder hobeln, Zwiebel schälen und klein würfeln.

2. Das Öl in einem breiten Topf erhitzen, Zwiebel darin glasig
dünsten. Zucker darüberstreuen und schmelzen lassen. Rot-
kohl und Lorbeer hinzufügen. Wein und Brühe angießen und
aufkochen. Kohl mit Salz und Pfeffer würzen und zugedeckt bei
schwacher Hitze 35–40 Min. dünsten.

3. Inzwischen Birnen waschen, vierteln, entkernen, schälen,
und in Spalten schneiden. Preiselbeeren und Birnen miterhitzen. Kohl mit Essig, Salz und Pfeffer abschmecken.

Geschmorte Weißkohlspalten

ZUTATEN 4 PORTIONEN
10 MIN. + 1 STD. SCHMOREN

1 kleiner Weißkohl (ca. 1,25 kg) | 2 Zwiebeln | Salz | Pfeffer |
300 ml Hühner- oder Gemüsebrühe | 1 Lorbeerblatt |
50 g Butter | 1/2 Bund Petersilie

Pro Portion ca. 165 kcal 4 g EW 11 g Fett 12 g KH

1. Vom Kohl die äußeren Blätter entfernen. Kohl putzen und
längs in acht Spalten schneiden. Zwiebeln schälen und längs
vierteln. Den Backofen auf 200° (Umluft 180°) vorheizen.

2. Kohl und Zwiebeln in einen ofenfesten Bräter mit Deckel
geben, leicht salzen und pfeffern. Brühe und Lorbeer dazugeben, Butter in Flöckchen darauf verteilen. Den Kohl zugedeckt
im Ofen (Mitte) 1 Std. garen, nach 1/2 Std. die Kohlspalten
wenden. Petersilie waschen und trocken schütteln. Die Blätter
hacken. Geschmorte Kohlspalten aus dem Ofen nehmen und
mit Petersilie bestreut servieren.

Das schmeckt dazu: Pellkartoffeln und Kurzgebratenes

Tuning-Tipp: 150 g Bacon in einer Pfanne ohne Fett kross
ausbraten, auf den Kohlspalten anrichten.

raffiniert kombiniert

Wirsingrouladen mit Couscous

ZUTATEN FÜR 4 PORTIONEN
45 MIN. + 30 MIN. GAREN
500 ml Gemüsebrühe | 150 g Couscous | 1 kleine rote
Paprikaschote | 3 Frühlingszwiebeln | 1 Dose Mais
(ca. 140 g Abtropfgewicht) | 100 g Doppelrahm-Frischkäse |
2 Eier (Größe M) | Salz | Pfeffer | 1 TL getrockneter Oregano |
8 große Wirsingblätter | 150 g Sahne | 1–2 EL Saucenbinder

Pro Portion ca. 460 kcal 16 g EW 25 g Fett 43 g KH

1. 250 ml Brühe aufkochen. Couscous damit übergießen und
zugedeckt 3–5 Min. quellen lassen. Inzwischen Paprikaschote
und Frühlingszwiebeln putzen, waschen und fein würfeln. Mais
abtropfen lassen. Gemüse mit Frischkäse und Eiern unter den
Couscous mischen. Alles mit Salz, Pfeffer und Oregano würzen.

2. Wirsingblätter in kochendem Salzwasser 3 Min. blanchieren.
Abgießen, eiskalt abschrecken und abtropfen lassen. Je 2–3 EL
Couscous in die Blattmitte setzen, Blätter zu Rouladen aufrollen. Mit Küchengarn zubinden. Übrige Brühe aufkochen. Rouladen darin zugedeckt bei schwacher Hitze 30 Min. dünsten,
dann herausheben. Sahne und Saucenbinder einrühren und
Sauce binden. Salzen, pfeffern und zu den Rouladen servieren.

Rahmsauerkraut

ZUTATEN FÜR 4 PORTIONEN
35 MIN.
1 Zwiebel | 750 g Sauerkraut | 2 EL Butterschmalz |
2 TL Zucker | 5 Wacholderbeeren | 2 Lorbeerblätter |
250 ml Apfelsaft | 250 g Sahne | Salz | Pfeffer | 1/2 Bund
Schnittlauch

Pro Portion ca. 320 kcal 5 g EW 25 g Fett 14 g KH

1. Die Zwiebel schälen und fein würfeln. Sauerkraut etwas
ausdrücken und auflockern. Das Butterschmalz in einem Topf
zerlassen, Zwiebel darin glasig dünsten. Kraut untermischen.
Zucker, Wacholderbeeren und Lorbeer zufügen. Den Apfelsaft
angießen, aufkochen und das Sauerkraut zugedeckt bei mittlerer Hitze 15 Min. dünsten.

2. Die Sahne zugeben und alles offen in 6–8 Min. dicklich
einkochen lassen. Mit Salz und Pfeffer würzen. Schnittlauch
waschen, trocken schütteln und in feine Röllchen schneiden.
Kraut damit bestreut servieren.

Das schmeckt dazu: Auf der Haut gebratenes Lachsfilet

reich an Vitamin C

Klassiker
à la
provencal

So viele farbenfrohe Gemüse, intensive Aromen und herrliche Kräuterdüfte in einem Topf machen Lust auf Sommer und Süden: Nehmen Sie unser Rezept und einen großen Einkaufskorb, dann können Sie auf dem Markt beherzt zugreifen und schwelgen.

Ratatouille aus dem Ofen

ZUTATEN FÜR 4 PORTIONEN
45 MIN. + 50 MIN. GAREN IM OFEN
2 Zwiebeln
je 1 rote und gelbe Paprikaschote
300 g Zucchini
1 Aubergine (ca. 350 g)
1 junge Knoblauchknolle
1/2 Bund Thymian | 2–3 Zweige Rosmarin
6 EL Olivenöl
Salz | Pfeffer
600 g reife Eiertomaten
1/2 Bund Petersilie

Pro Portion ca. 250 kcal 5 g EW 19 g Fett 14 g KH

1. Den Backofen auf 180° (Umluft 160°) vorheizen. Zwiebeln schälen und in Spalten schneiden. Paprikaschoten vierteln, entkernen, waschen und in 4 cm große Stücke schneiden. Zucchini waschen, putzen und quer in 1 cm dicke Scheiben schneiden. Die Aubergine waschen, putzen, längs vierteln, dann in 1 cm dicke Stücke schneiden. Von der Knoblauchknolle die einzelnen Zehen auslösen und schälen. Thymian und Rosmarin waschen und trocken schütteln. Die Blättchen bzw. Nadeln abstreifen und hacken.

2. In einer großen Pfanne 2 EL Olivenöl erhitzen, Zwiebeln und Knoblauchzehen darin glasig braten. In eine große ofenfeste Form geben und im Ofen (2. Schiene von unten) 5–7 Min. weiterbraten.

3. Erneut 2 EL Öl in der Pfanne erhitzen, Auberginen und Paprika darin 5 Min. braten, dann zu den Zwiebeln in die Form geben. Zucchini im restlichen heißen Öl 3 Min. braten und mit den Kräutern unter das Gemüse im Ofen mischen. Alles mit Salz und Pfeffer würzen und weitere 10 Min. im Ofen braten.

4. Inzwischen Tomaten überbrühen, abschrecken, häuten und vierteln. Stielansatz und Kerne entfernen. Tomaten unter das Gemüse mischen. Alles im Ofen noch 30–35 Min. schmoren. Petersilie waschen und trocken schütteln. Die Blätter hacken. Ratatouille aus dem Ofen nehmen, salzen und pfeffern, mit Petersilie bestreut servieren.

Das schmeckt dazu: Baguette und/oder kurz gebratenes Fischfilet, Hähnchen- oder Lammfilet

Das steckt drin!

Beta-Carotin ist ein sekundärer Pflanzenstoff, der Obst und Gemüse seine tiefgelbe bis rote oder grüne Farbe gibt. Der Körper kann es in Vitamin A umwandeln. Diese Substanz hilft dabei, die Seh-Pigmente der Netzhaut mit aufzubauen, hält Haut und Schleimhäute gesund, stimuliert das Immunsystem und neutralisiert Sauerstoffradikale. 2 bis 4 mg Beta-Carotin pro Tag genügen.

So viel Beta-Carotin steckt in 100 g:
Möhren 7,8 mg
Rote Paprikaschote 3,5 mg
Aprikosen 1,6 mg
Tomaten 0,5 mg

vege-
tarisch
raffiniert

Gefüllte Tomaten mit Mozzarella

ZUTATEN FÜR 4 PORTIONEN
30 MIN. + 15−18 MIN. BACKEN
8 große Tomaten (à ca. 150 g)
Salz | Pfeffer | 150 g junge Zucchini
100 g TK-Erbsen
2 dünne Frühlingszwiebeln
1 TL getrockneter Thymian
2 EL Olivenöl + Öl für die Form
75 g Baguette oder Ciabatta
125 g Mozzarella
1/2 Bund Basilikum
1 Ei (Größe M)

Pro Portion ca. 285 kcal 15 g EW
15 g Fett 23 g KH

1. Tomaten waschen, einen Deckel abschneiden, das Innere vorsichtig herauslösen. Tomaten innen salzen und pfeffern. Zucchini waschen, putzen und 1/2 cm klein würfeln. Erbsen antauen lassen. Frühlingszwiebeln putzen, waschen und in feine Ringe schneiden.

2. Backofen auf 200° (Umluft 180°) vorheizen. Zucchini, Frühlingszwiebeln, Erbsen und Thymian im Öl 2−3 Min. dünsten. Gemüse vom Herd nehmen, salzen und pfeffern.

3. Inzwischen das Brot in 1/2 cm kleine Würfel schneiden. Den Mozzarella abtropfen lassen und klein würfeln. Basilikumblätter abzupfen, abreiben und hacken. Alle vorbereiteten Zutaten mit dem Ei vermischen, salzen und pfeffern. Die Füllung in die Tomaten füllen, Tomatendeckel daraufsetzen. Die gefüllten Tomaten nebeneinander in eine geölte Form setzen und im Backofen (Mitte) 15−18 Min. garen.

schmeckt nach Urlaub

Auberginen mit Hackfüllung

ZUTATEN FÜR 4 PORTIONEN
1 STD. + 30 MIN. BACKEN
4 mittelgroße Auberginen
4 EL Olivenöl + Öl für die Form
1 Zwiebel | 1 Knoblauchzehe
300 g Rinderhackfleisch
1 kleine Dose stückige Tomaten
(ca. 210 g)
Salz | Pfeffer | 2 EL Semmelbrösel
1 Bund Petersilie
100 g geriebener Emmentaler
500 ml Gemüsebrühe

Pro Portion ca. 475 kcal 30 g EW
31 g Fett 13 g KH

1. Auberginen waschen, abtrocknen und in 2 EL Öl rundherum 10 Min. anbraten. Auberginen vom Herd nehmen, abkühlen lassen und längs halbieren. Fruchtfleisch bis auf einen 1 cm schmalen Rand herauslösen und klein würfeln. Zwiebel und Knoblauch schälen und fein würfeln.

2. Backofen auf 180° (Umluft 160°) vorheizen. Hackfleisch im übrigen Öl 5 Min. unter Wenden anbraten. Zwiebel, Knoblauch und Auberginenwürfel zufügen und 2–3 Min. mitdünsten. Tomaten einrühren, salzen und pfeffern. Alles bei schwacher Hitze 5 Min. schmoren. Vom Herd nehmen und die Semmelbrösel unterrühren. Petersilie waschen und trocken schütteln. Die Blätter bis auf einen kleinen Rest fein hacken und unterheben.

3. Ausgehöhlte Auberginen in eine geölte ofenfeste Form legen und mit der Hackmasse füllen. Käse darüberstreuen. Brühe angießen. Im Ofen (2. Schiene von unten) 30 Min. überbacken. Mit der restlichen Petersilie bestreut servieren.

Kartoffelpuffer mit Thymian

ZUTATEN FÜR 4 PORTIONEN
35 MIN. + 15 MIN. RUHEN + 30 MIN. BACKEN
1 kg mehligkochende Kartoffeln | 1 Zwiebel | Salz | Pfeffer |
2 Eier (Größe M) | 2 EL Mehl | 8 Zweige Thymian |
4 EL Butterschmalz zum Braten

Pro Portion ca. 205 kcal 8 g EW 13 g Fett 34 g KH

1. Kartoffeln schälen und fein reiben. Zwiebel schälen, fein
reiben oder klein würfeln und untermischen. Masse mit Salz
und Pfeffer würzen und 15 Min. ruhen lassen. Dann gut ausdrücken, Flüssigkeit dabei auffangen und etwas stehen lassen,
damit sich die Stärke absetzen kann. Kartoffelmasse mit Eiern,
abgesetzter Stärke und Mehl mischen. Thymian waschen und
trocken schütteln. Blättchen abstreifen und unterheben.

2. Das Schmalz portionsweise in einer großen beschichteten
Pfanne erhitzen. Den Teig esslöffelweise hineingeben und
daraus in jeweils 3–4 Min. von jeder Seite kleine, goldbraune
Puffer backen. Fertige Puffer auf Küchenpapier kurz entfetten
und im heißen Ofen bei 80° (Umluft 60°) warm halten.

Das schmeckt dazu: Preiselbeeren oder Apfelmus

immer ein Renner

reich an Beta-Carotin

Möhrenpuffer mit Nussjoghurt

ZUTATEN FÜR 4 PORTIONEN
30 MIN.
800 g Möhren | 1 Bund Petersilie | 3 Eier (Größe M) |
3 EL Mehl | Salz | Pfeffer | 4 EL Rapsöl | 2 EL gehackte
Haselnusskerne | 250 g Joghurt | 2 Frühlingszwiebeln

Pro Portion ca. 370 kcal 11 g EW 26 g Fett 23 g KH

1. Möhren putzen, schälen und fein raspeln. Petersilie waschen
und trocken schütteln. Blätter fein hacken und mit Eiern und
Mehl untermischen. Alles kräftig salzen und pfeffern.

2. Das Öl portionsweise in einer großen beschichteten Pfanne
erhitzen. Den Teig esslöffelweise hineingeben und daraus in
jeweils knapp 3 Min. von jeder Seite kleine, goldbraune Puffer
backen. Fertige Puffer auf Küchenpapier kurz entfetten und im
heißen Ofen bei 80° (Umluft 60°) warm halten.

3. Die Nüsse in einer Pfanne ohne Fett anrösten und abkühlen
lassen. Den Joghurt mit den Nüssen, Salz und Pfeffer verrühren. Die Frühlingszwiebeln putzen und waschen, hellgrüne
Teile in feine Ringe schneiden, weiße fein würfeln, beides unter
den Joghurt heben. Dip zu den Puffern servieren.

Veggie-Snack

Wedges mit Avocado-Dip

ZUTATEN FÜR 4 PORTIONEN
25 MIN. + 20–25 MIN. BACKEN
800 g kleine festkochende Kartoffeln | 4 EL Olivenöl | Salz | Pfeffer | 1 TL edelsüßes Paprikapulver | 50 g Rucola | 2 kleine reife Avocados | 2 EL Zitronensaft | 100 ml Buttermilch | Cayennepfeffer

Pro Portion ca. 400 kcal 6 g EW 30 g Fett 26 g KH

1. Den Backofen auf 220° (Umluft 200°) vorheizen. Kartoffeln schälen und längs vierteln. Olivenöl mit 1/2 TL Salz, Pfeffer und Paprikapulver verquirlen, Kartoffeln damit gründlich vermischen. Ein Blech mit Backpapier belegen. Die Würzkartoffeln darauf verteilen und im Ofen (2. Schiene von unten) 20–25 Min. backen, dabei einmal wenden.

2. Inzwischen Rucola waschen und trocken schütteln, grobe Stängel abknipsen. Blätter grob hacken. Avocados halbieren und entsteinen. Das Fruchtfleisch auslösen, grob zerkleinern und mit Zitronensaft beträufeln. Mit Rucola und Buttermilch im Mixer oder in einem hohen Becher mit dem Pürierstab grob pürieren. Dip mit Salz und Cayennepfeffer würzen und mit den Kartoffelspalten aus dem Ofen servieren.

Pikantes vom Blech

Knusper-Zucchini

ZUTATEN FÜR 4 PORTIONEN
20 MIN. + 20 MIN. BACKEN
800 g Zucchini | 6 EL Rapsöl | Salz | Pfeffer | 2 TL getrockneter Oregano | 50 g Cornflakes | 4 EL Sonnenblumenkerne | 100 g geriebener Parmesan oder Grana padano

Pro Portion ca. 390 kcal 15 g EW 31 g Fett 13 g KH

1. Die Zucchini waschen, putzen und der Länge nach in 3 mm dicke Scheiben hobeln oder schneiden.

2. Den Backofen auf 180° (Umluft 160°) vorheizen. Ein Blech mit 2 EL Öl einstreichen. Die Zucchini schuppenartig überlappend darauf anordnen und mit Salz, Pfeffer und Oregano würzen. Die Cornflakes zerbröseln, mit den Sonnenblumenkernen und dem Käse mischen und auf den Zucchini verteilen. Übriges Öl darüberträufeln. Die Zucchini im Ofen (Mitte) in 20 Min. goldbraun und kross braten. Heiß oder lauwarm servieren.

Das schmeckt dazu: Baguette

Austausch-Tipp: Statt mit Hartkäse die Zucchini 10 Min. vor Ende der Garzeit mit 100 g zerbröseltem Feta bestreuen.

Pellkartoffeln

ganz einfach

ZUTATEN FÜR 4 PORTIONEN
40 MIN.
1 kg kleine, festkochende Kartoffeln (möglichst gleich groß) | Salz | 1/2 TL Kümmel (nach Belieben)

Pro Portion ca. 135 kcal 4 g EW 0 g Fett 30 g KH

1. Die Kartoffeln unter fließend kaltem Wasser waschen und gründlich abbürsten. Mit 1/2 TL Salz und evtl. mit Kümmel in einen Topf geben, ca. 3 cm hoch Wasser angießen. Wasser aufkochen und Kartoffeln zugedeckt bei mittlerer Hitze in 20 Min. gar kochen, dann abgießen, kurz ausdampfen lassen und noch heiß pellen. Mit Gemüse-Quark (unten) oder mit einem Dip nach Wahl servieren.

Tipp: Die zarte Schale von Frühkartoffeln kann man mitessen.

Variante: Für Runzelkartoffeln die Kartoffeln mit 150 g grobem Meersalz in einen breiten Topf geben. Mit so viel kochend heißem Wasser begießen, dass sie gerade bedeckt sind. Deckel halb auflegen und die Kartoffeln in 20 Min. gar kochen. Abgießen und offen ausdampfen lassen, bis sich die Schale runzelt und die Knollen von einer Salzschicht überzogen sind.

Bunter Gemüse-Quark

ZUTATEN FÜR 4–6 PORTIONEN
20 MIN.
500 g Magerquark | 4 EL Milch | 1 EL Rapsöl | 1–2 TL Zitronensaft | 2 Tomaten | 1 kleine orange oder rote Paprikaschote | 1 Dose Mais (ca. 140 g Abtropfgewicht) | Salz | Pfeffer | 2 Frühlingszwiebeln

Pro Portion (bei 6) ca. 180 kcal 20 g EW 5 g Fett 14 g KH

1. Den Quark mit der Milch, dem Öl und Zitronensaft in einer Schüssel glatt rühren.

2. Die Tomaten waschen, vom Stielansatz befreien, vierteln, entkernen und fein würfeln. Die Paprikaschote vierteln, entkernen, waschen und ebenfalls klein würfeln. Den Mais in ein Sieb abgießen und gut abtropfen lassen. Gemüse bis auf 1 EL unter den Quark heben, Quark mit Salz und Pfeffer abschmecken. Die Frühlingszwiebeln putzen, waschen und in feine Ringe schneiden, mit dem übrigen Gemüse aufstreuen.

Austausch-Tipp: Statt mit den Gemüsewürfeln den angerührten Quark mit 1 Bund fein geschnittenem Schnittlauch verrühren.

frisch & leicht

Paprika-Mandel-Dip

ZUTATEN FÜR 4 PORTIONEN
35 MIN.

2 rote Paprikaschoten | 2 EL gehobelte Mandeln | 1 frische
rote Chilischote | 1 Knoblauchzehe | 2 Scheiben Toastbrot |
1 EL Rotweinessig | 3 EL Olivenöl | 1 TL edelsüßes Paprika-
pulver | Salz | Pfeffer

Pro Portion ca. 155 kcal 3 g EW 12 g Fett 8 g KH

1. Die Paprikaschoten vierteln, entkernen und mit der Hautseite nach oben auf ein Backblech legen. Unter dem vorgeheizten
Grill (2. Schiene von oben) 8–12 Min. rösten, bis die Haut
schwarz wird und Blasen wirft. Paprika mit einem feuchten
Tuch abdecken, 10 Min. abkühlen lassen.

2. Inzwischen die Mandelblättchen in einer Pfanne ohne Fett
goldbraun anrösten und abkühlen lassen. Chilischote putzen,
längs halbieren, entkernen und hacken. Knoblauch schälen
und würfeln. Die Toasts grob zerschneiden.

3. Paprikaschoten häuten und grob würfeln. Mit Mandeln,
Chili, Knoblauch, Brot, Essig, Öl und Paprikapulver fein pürieren. Dip mit 1 TL Salz und Pfeffer abschmecken.

Sour Cream mit Kräutern

ZUTATEN FÜR 4 PORTIONEN
15 MIN.

100 g Schichtkäse (ersatzweise Quark 20% Fett) |
200 g Schmand | 150 g Joghurt | 2 EL Weißweinessig |
1 TL Zucker | Salz | Pfeffer | Worcestersauce nach Belieben |
je 1/2 Bund Schnittlauch, Dill und Petersilie

Pro Portion ca. 180 kcal 6 g EW 14 g Fett 6 g KH

1. Den Schichtkäse mit Schmand und Joghurt in eine Schüssel
geben und mit dem Essig und Zucker glatt rühren. Mit Salz,
Pfeffer und evtl. 1–2 Spritzern Worcestersauce würzen.

2. Schnittlauch, Dill und Petersilie waschen und trocken
schütteln. Schnittlauch in feine Röllchen schneiden. Dillspitzen
und Petersilienblätter bis auf einen kleinen Rest fein hacken.
Die geschnittenen Kräuter unter die Sour Cream heben. Dip mit
den übrigen Kräutern garnieren.

Austausch-Tipp: Die Kräuter durch 100 g Gorgonzola
ersetzen – den Blauschimmelkäse mit einer Gabel fein
zerdrücken und untermischen.

heiß
geliebt

Genießen kann so einfach sein. Bester Beweis: eine gebackene Kartoffel, mit Salz und Butter verfeinert, ist allein schon eine Köstlichkeit. Mit einer Füllung aus grünen Bohnen, Speck und Sahne kommt sie ganz groß raus.

Ofenkartoffeln mit Speck-Bohnen

ZUTATEN FÜR 4 PORTIONEN
45 MIN. + 50–70 MIN. BACKEN
4 große, mehlig- oder vorwiegend festkochende Kartoffeln
(à 200–225 g)
2–3 EL Olivenöl
500 g grüne oder breite Bohnen
100 g Frühstücksspeck (Bacon)
1 Zwiebel
1 TL Mehl
200 ml Hühnerbrühe
Salz | Pfeffer
3–4 Stängel Bohnenkraut
100 g Sahne
Alufolie

Pro Portion ca. 500 kcal 10 g EW 36 g Fett 35 g KH

1. Den Backofen auf 220° (Umluft 200°) vorheizen. Die Kartoffeln unter fließend kaltem Wasser sorgfältig abbürsten, abtrocknen und mit 1–2 EL Olivenöl einreiben. Die Kartoffeln einzeln in Alufolie wickeln. Im Ofen (Mitte) 50–70 Min. backen.

2. Die Bohnen waschen und putzen. Grüne Bohnen schräg in Stücke, breite Bohnen schräg in dünne Streifen schneiden. Speck in feine Streifen schneiden. Zwiebel schälen und klein würfeln. Übriges Öl in einer Pfanne erhitzen. Speck darin kross ausbraten und herausnehmen. Zwiebelwürfel und Bohnen in das Speckfett geben und 2–3 Min. darin andünsten. Mehl darüberstäuben und kurz anschwitzen. Brühe angießen. Bohnen mit Salz und Pfeffer würzen und zugedeckt bei mittlerer Hitze 8–10 Min. garen.

3. Inzwischen das Bohnenkraut waschen und trocken schütteln. Blättchen fein hacken, mit der Sahne unter die Bohnen heben und kurz miterhitzen. Alles salzen und pfeffern.

4. Die Kartoffeln aus dem Ofen nehmen, anrichten und die Folie öffnen. Kartoffeln oben kreuzweise einschneiden, etwas auseinander klappen und die Bohnensauce daraufgeben. Die Kartoffeln mit dem Speck bestreut servieren.

Speed-Tipp : Wer die Kartoffeln 15 Min. in kochendem Wasser vorgart, verkürzt die Backzeit im Ofen auf 30–40 Min.

Das steckt drin!

Magnesium hält die Muskeln und das Nervensystem funktionsfähig und hilft, Knochen, Zähne und Sehnen aufzubauen. Zudem wirkt das Power-Mineral krampflösend und puffert Stresssymptome ab. Akuter Mangel führt zu Muskelkrämpfen. Gute Magnesium-Quellen sind grüne Gemüse, Vollkorn, Nüsse, Hülsenfrüchte und Bananen. Unser Tagesbedarf liegt bei 300 mg.

So viel Magnesium steckt in 100 g:
Mangold 81 mg
Bananen 31 mg
grüne Bohnen 26 mg

Mediterrane Kartoffelpfanne

ZUTATEN FÜR 4 PORTIONEN
40 MIN.
600 g kleine, festkochende Frühkartoffeln
4 EL Olivenöl | 200 g junge Zucchini
je 1 rote und gelbe Paprikaschote
2 rote Zwiebeln | 2 Knoblauchzehen
1 Zweig Rosmarin | 100 g schwarze Oliven
Salz | Pfeffer | 100 g Ricotta oder Ziegenfrischkäse

Pro Portion ca. 320 kcal 8 g EW 20 g Fett 27 g KH

1. Die Kartoffeln gut waschen und abbürsten, ungeschält längs vierteln. 2 EL Öl in einer großen Pfanne erhitzen, Kartoffeln darin bei mittlerer Hitze unter Wenden 15 Min. braten.

2. Inzwischen Zucchini und Paprikaschoten waschen und putzen. Zucchini in 1 cm dicke Scheiben, Paprika in 2–3 cm große Stücke schneiden. Zwiebeln schälen und in Spalten teilen. Knoblauch schälen und fein hacken. Rosmarin waschen und trocken schütteln. Nadeln abstreifen und hacken.

3. Kartoffeln aus der Pfanne nehmen. Übriges Öl in der Pfanne erhitzen, nach und nach Zwiebeln, Zucchini und Paprika darin ca. 5 Min. anbraten. Oliven abtropfen lassen und mit Rosmarin, Knoblauch und Kartoffeln untermischen. Alles noch 2–3 Min. braten und mit Salz und Pfeffer abschmecken. Ricotta oder Ziegenkäse zerbröckeln, darüberstreuen und alles in der Pfanne servieren.

Braten-Gröstl

ZUTATEN FÜR 4 PORTIONEN
25 MIN.
600 g Pellkartoffeln (vom Vortag; Rezept Seite 108)
1 Bund Frühlingszwiebeln
200 g Schweinebraten-Aufschnitt oder Reste vom Sonntagsbraten
4 EL Rapsöl | Salz | Pfeffer | 2 EL Kürbiskerne

Pro Portion ca. 260 kcal 7 g EW 16 g Fett 23 g KH

1. Die Kartoffeln pellen und in Scheiben schneiden. Frühlingszwiebeln putzen, waschen und in 3–4 cm große Stücke, dunkelgrüne Abschnitte in feine Ringe schneiden. Braten in mundgerechte Stücke schneiden.

2. Das Öl in einer großen Pfanne erhitzen. Kartoffeln darin in 10 Min. goldbraun braten, zwischendurch einmal wenden. Frühlingszwiebel- und Bratenstücke in die Pfanne geben und 3 Min. mitbraten. Alles salzen und pfeffern. Braten-Gröstl mit Zwiebelringen und Kürbiskernen bestreut servieren.

Tuning-Tipp: Das Gröstl mit 2 EL Kürbiskernöl abschmecken.

leckere Beilage

Kartoffel-Wirsing-Püree

ZUTATEN FÜR 4 PORTIONEN
30 MIN.

600 g mehligkochende Kartoffeln | 500 g Wirsing |
1 TL Kümmel | 2 EL Butter | 1 l Gemüsebrühe |
2 Zwiebeln | 300 ml Milch | Salz | Pfeffer | frisch
geriebene Muskatnuss

Pro Portion ca. 215 kcal 9 g EW 7 g Fett 25 g KH

1. Kartoffeln schälen und würfeln. Wirsing waschen,
putzen und in Streifen schneiden. Kartoffeln und Wirsing
mit dem Kümmel in 1 EL Butter 2 Min. andünsten. Brühe
angießen und alles zugedeckt bei schwacher Hitze
15 Min. kochen lassen. Inzwischen Zwiebeln schälen, in
feine Ringe schneiden, in der übrigen Butter 5–7 Min.
glasig dünsten.

2. Milch erhitzen. Gemüse abgießen und im Topf auf dem
ausgeschalteten Herd offen ausdämpfen lassen. Durch
eine Kartoffelpresse mit grober Lochung (wie Spätzlepresse) in die heiße Milch drücken. Püree mit Salz, Pfeffer
und Muskat würzen, mit den Zwiebeln anrichten.

Rotes Kartoffelpüree

ZUTATEN FÜR 4 PORTIONEN
45 MIN.

750 g mehligkochende Kartoffeln | 500 g Rote
Bete | Salz | 1/2 Bio-Zitrone | 1 Apfel | 3 Frühlings-
zwiebeln | 2 EL Butter | 150 ml Milch | Pfeffer

Pro Portion ca. 220 kcal 6 g EW 6 g Fett 36 g KH

1. Kartoffeln und Rote Bete schälen, würfeln und zusammen in Salzwasser 20–25 Min. gar kochen. Inzwischen
Zitrone heiß waschen und abtrocknen. Schale fein abreiben, Saft auspressen. Apfel waschen, vierteln, entkernen
und klein würfeln. Sofort mit 2 EL Zitronensaft beträufeln.
Frühlingszwiebeln putzen, waschen und in dünne Ringe
schneiden. Apfelwürfel und Frühlingszwiebeln in
1 EL Butter 1–2 Min. andünsten und warm halten.

2. Milch mit übriger Butter aufkochen. Gemüse abgießen,
ausdämpfen lassen und mit einem Kartoffelstampfer
zerdrücken. Milch unterrühren. Hälfte der Apfelmischung
unterheben, mit Salz, Pfeffer und etwas Zitronenschale
würzen. Mit übriger Apfelmischung garniert servieren.

reich an Eisen

Pommes frites

ZUTATEN FÜR 4 PORTIONEN
45 MIN.
1 kg festkochende Kartoffeln
1–2 kg Fett oder neutrales Öl zum Frittieren
Salz | Pfeffer

Pro Portion ca. 240 kcal 4 g EW 12 g Fett 30 g KH

1. Kartoffeln schälen und in 1 cm dicke Stäbchen schneiden, dann waschen und mit Küchenpapier trocken tupfen.

2. Das Fett oder Öl in einem stabilen Topf oder einer Fritteuse auf 160° erhitzen (siehe Info). Kartoffelstäbchen portionsweise ins heiße Fett geben und bei mittlerer Hitze in 5–6 Min. ausbacken. Mit einer Schaumkelle herausheben, abtropfen lassen und auf Küchenpapier legen. Die übrigen Kartoffeln ebenso vorbereiten.

3. Die Temperatur vom Fett auf 180° erhöhen. Kartoffeln erneut portionsweise ins Fett geben und jeweils in 3–5 Min. goldgelb und knusprig frittieren. Abtropfen lassen, mit Salz und Pfeffer würzen. Dazu das Ananas-Tomaten-Chutney (Rezept unten) oder Ketchup und Mayonnaise servieren.

Party-Tipp: Bei einem Kinderfest die doppelte Menge knusprige Fritten backen. In Papiertüten an die kleinen Gäste reichen.

Ananas-Tomaten-Chutney

ZUTATEN FÜR 4 PORTIONEN
30 MIN. + 30 MIN. ABKÜHLEN
1/4 Ananas (ca. 250 g; ersatzweise Ananas aus der Dose)
2 Schalotten | 1 Knoblauchzehe
1 Stück Ingwer (ca. 2 cm) | 1 EL Rapsöl | 2 EL Zucker
1 kleine Dose stückige Tomaten (ca. 210 g)
4 EL Weißweinessig | Salz | Cayennepfeffer

Pro Portion ca. 100 kcal 1 g EW 3 g Fett 14 g KH

1. Die Ananas schälen, das Fruchtfleisch vom Strunk befreien und in kleine Würfel schneiden. Schalotten, Knoblauch und Ingwer schälen und klein würfeln.

2. Öl erhitzen. Schalotten, Knoblauch und Ingwer darin andünsten. Zucker darüberstreuen und schmelzen lassen. Ananas und Tomaten dazugeben, alles mit Essig würzen. Das Chutney offen bei mittlerer Hitze 15 Min. kochen lassen. Mit Salz und Cayennepfeffer abschmecken und vor dem Servieren mindestens 30 Min. abkühlen lassen.

Das richtige Fett – so geht das Frittieren wie geschmiert

Ob in einem stabilen Topf auf dem Herd oder in einer elektrischen Fritteuse mit Temperaturanzeige – das Fett muss heiß genug sein. Am besten messen Sie es mit einem Fett-Thermometer. Wer das nicht hat, hält am besten den Stiel eines Holzlöffels ins erhitzte Fett. Wenn sich daran zarte Bläschen zeigen, hat das Fett ca. 160°. Kräftiger blubbert es bei 180°.

Zum Frittieren eignen sich hoch erhitzbare Öle wie raffiniertes Erdnuss-, Raps- oder Olivenöl und Fette wie Kokosfett und Butterschmalz. Das Fett kann mehrmals verwendet werden. Sie sollten es aber nach jedem Gebrauch durch einen Papierfilter gießen und in einer Flasche oder Twist-off-Gläsern bis zum nächsten Mal aufheben. Wenn das Frittierfett oder Öl dunkel wird und anfängt zu riechen, entsorgen Sie es am besten im Restmüll – erstarrt oder in eine Flasche gefüllt. Auf keinen Fall in den Ausguss gießen!

deftig mit Speck

Viererlei-Zwiebelkuchen

ZUTATEN FÜR 1 BACKBLECH
1 STD. + 30 MIN. GEHEN
+ 30–35 MIN. BACKEN
1 Pck. Brotbackmischung
(500 g; z. B. Landbrot)
je 400 g rote, weiße und braune
Zwiebeln | 1 Stange Lauch |
150 g Räucherspeck | 2 EL Rapsöl
Salz | Pfeffer | 2 TL Kümmel
4 Eier (Größe M) | 200 g saure
Sahne | 200 g Crème fraîche
Mehl zum Arbeiten

Pro Portion ca. 720 kcal 19 g EW
40 g Fett 70 g KH

1. Backmischung nach Packungsangabe zubereiten und 30 Min. gehen lassen. Inzwischen Zwiebeln schälen und in 1/2 cm dünne Ringe hobeln. Lauch putzen, längs aufschneiden, waschen und in dünne Ringe schneiden. Speck in feine Streifen schneiden und in einer großen Pfanne in 1 EL Öl kross ausbraten. Herausnehmen und auf Küchenpapier entfetten. Zwiebeln im Speckfett 5 Min. anbraten, zugedeckt bei schwächerer Hitze 10 Min. dünsten. Dann den Lauch dazugeben und noch 10 Min. mitdünsten. Alles kräftig mit Salz, Pfeffer und Kümmel würzen.

2. Backofen auf 200° (Umluft 180°) vorheizen. Ein tiefes Backblech mit übrigem Öl bepinseln und mit Mehl bestäuben. Teig auf wenig Mehl ausrollen, Blech damit auskleiden. Eier, saure Sahne und Crème fraîche verquirlen, mit dem Zwiebelmix mischen und auf dem Teig verteilen. Speckstreifen darüberstreuen. Zwiebelkuchen im Ofen (2. Schiene von unten) in 30–35 Min. goldbraun backen, falls nötig nach 20 Min. mit Backpapier abdecken.

gut vor-
zubereiten

Gemüse-Schinken-Quiche

ZUTATEN FÜR 1 SPRINGFORM
40 MIN. + 1 STD. KÜHLEN
+ 50 MIN. BACKEN
250 g Weizenmehl (Type 550) +
Mehl zum Ausrollen | Salz | Pfeffer
1 TL edelsüßes Paprikapulver
100 g kalte Butter + Butter für die
Form | 5 Eier (Größe M)
450 g TK-Farmer Gemüse
200 g gekochter Schinken
300 g Magerquark | 50 g geriebener
Emmentaler | 2–3 EL Zitronensaft
2 EL Schnittlauchröllchen

Pro Portion (bei 6) ca. 470 kcal
30 g EW 23 g Fett 36 g KH

1. Mehl mit 1/2 TL Salz, Pfeffer und Paprikapulver mischen. Butter in Flöckchen, 1 Ei und 1–2 EL kaltes Wasser zufügen. Alles mit den Knethaken des Handrührgeräts kurz verkneten, dann mit den Händen zu einem glatten Teig verarbeiten. Teig in Folie gewickelt 1 Std. kalt stellen. Inzwischen das Gemüse nach Packungsangabe auftauen und auf einem Sieb abtropfen lassen. Salzen und pfeffern. Schinken in schmale Streifen schneiden.

2. Den Backofen auf 200° (Umluft 180°) vorheizen. Die Form fetten. Den Teig auf wenig Mehl zu einem Kreis (30 cm Ø) ausrollen. Die Form mit dem Teig auslegen und einen 3 cm hohen Rand formen. Den Teig mit einer Gabel mehrmals einstechen und im Ofen (2. Schiene von unten) 10 Min. vorbacken. Inzwischen den Quark mit den übrigen Eiern und dem Käse glatt rühren. Mit Salz, Pfeffer und Zitronensaft würzen. Das Gemüse mit dem Schinken auf den Teig geben, Guss darübergießen. Quiche im Ofen (2. Schiene von unten) 40 Min. backen, mit Schnittlauch bestreut servieren.

toll für Gäste

Das ultimative Gericht für den Herbst:
preiswert, gut vorzubereiten und umwerfend lecker.
Einfach Kartoffeln mit Kürbis in eine Form schichten, mit
einer Sahnesauce übergießen und im Ofen garen – schon fertig!

Kartoffel-Kürbis-Gratin

ZUTATEN FÜR 4–6 PORTIONEN
40 MIN. + 30 MIN. GAREN IM OFEN
750 g vorwiegend festkochende Kartoffeln
500 g Hokkaido-Kürbis
10–12 Zweige Thymian | 250 g Sahne | 250 ml Milch
Salz | Pfeffer | frisch geriebene Muskatnuss
1/2 Knoblauchzehe
1 EL Butter + Butter für die Form | 1/2 Bund Petersilie

Pro Portion (bei 6) ca. 250 kcal 5 g EW 16 g Fett 21 g KH

1. Die Kartoffeln schälen und in dünne Scheiben schneiden oder hobeln. Den Kürbis waschen, vierteln, entkernen und samt Schale ebenfalls in dünne Scheiben schneiden oder hobeln. Den Thymian waschen und trocken schütteln. Die Blättchen abstreifen.

2. Sahne und Milch in einem Topf auf zwei Drittel der Flüssigkeit einkochen lassen. Mit Salz, Pfeffer und Muskat würzen und vom Herd nehmen.

3. Den Backofen auf 200° (Umluft 180°) vorheizen. Eine große Auflaufform mit der halben Knoblauchzehe einreiben und mit Butter einfetten. Die Kartoffel- und Kürbisscheiben jeweils für sich oder im Wechsel leicht schräg und überlappend in die Form schichten. Wenn die Form zur Hälfte gefüllt ist, die Scheiben etwas zusammenschieben und den Rest genauso einschichten, bis alle Kürbis- und Kartoffelscheiben verbraucht sind. Die Thymianblättchen über den Kartoffel- und Kürbisscheiben verteilen.

4. Die Sahne-Mischung über das Gemüse gießen. Mit der Butter in Flöckchen belegen. Im Ofen (Mitte) 30–35 Min. backen. Evtl. kurz vor Ende der Backzeit mit Backpapier abdecken, falls das Gratin zu stark bräunt. Gratin aus dem Ofen nehmen und 5 Min. ruhen lassen. Die Petersilie waschen und trocken schütteln. Blätter hacken und das Gratin damit bestreut servieren.

Das schmeckt dazu: Das Gratin als vegetarisches Hauptgericht mit einem grünen Salat mit Vinaigrette servieren oder als Beilage zu kurz gebratenem Fleisch wie Rindersteak, Entenbrust oder Gänsekeule.

Austausch-Tipp: Den Kürbis durch 2 säuerliche rotschalige Äpfel ersetzen. Diese waschen, vierteln, entkernen und ungeschält in 4–5 mm dicke Scheiben schneiden. Scheiben sofort mit 4 EL Zitronensaft beträufeln. Mit den Kartoffelscheiben wie beschrieben in die Form schichten und weiter zubereiten.

Tuning-Tipp: Nach der Hälfte der Backzeit noch 75 g Pinien- oder Sonnenblumenkerne auf dem Gratin verteilen.

Nudeln, Reis & Getreide

Die Kids mischen gerne mit, wenn sich Pasta, Pizza & Co. mit Gemüse, Fleisch, Käse und viel Aroma verbinden.

Blitzrezepte

für Sonntage

ganz einfach

Räucherlachs-Tagliatelle

ZUTATEN FÜR 4 PORTIONEN
20 MIN.

**500 g frische Tagliatelle (Kühlregal) | Salz | 200 g
Räucherlachs (in Scheiben) | 250 g zarter Blattspinat
(Kühlregal) | 1 Bund Dill | 6 EL Olivenöl | 2 EL Butter |
2 EL Zitronensaft | 2 EL süßer Senf | Salz | Pfeffer**

Pro Portion ca. 570 kcal 24 g EW 36 g Fett 35 g KH

1. Nudeln nach Packungsangabe in reichlich kochendem
Salzwasser bissfest garen. Abgießen und abtropfen lassen,
dabei etwas Kochwasser auffangen.

2. Inzwischen den Räucherlachs in 2 cm breite Streifen
schneiden. Spinat verlesen, putzen, waschen und abtropfen lassen. Dill waschen und trocken schütteln, Blättchen
abzupfen.

3. In einer großen beschichteten Pfanne oder einem großen
Topf Öl und Butter aufschäumen lassen. Zitronensaft und
Senf unterrühren. Spinat, Nudeln und 6 EL Nudelkochwas-
ser dazugeben und in der Senf-Sauce wenden. Lachs und
Dill unterheben. Nudeln mit Salz und Pfeffer würzen und
servieren.

Käse-Spätzle-Pfanne

ZUTATEN FÜR 4 PORTIONEN
20 MIN.

**2 Bund Frühlingszwiebeln | 300 g kleine Tomaten |
2 EL Butterschmalz | 500 g vorgegarte Spätzle (Kühl-
regal oder Rezept Seite 143) | 100 g roher Schinken
(fein gewürfelt; Kühlregal) | Salz | Pfeffer | 150 g gerie-
bener Emmentaler**

Pro Portion ca. 510 kcal 29 g EW 27 g Fett 38 g KH

1. Die Frühlingszwiebeln putzen und waschen, weiße Teile
in feine Ringe, hellgrüne schräg in 2 – 3 cm breite Stücke
schneiden. Tomaten waschen, vom Stielansatz befreien und
nach Belieben halbieren oder vierteln.

2. Das Schmalz in einer großen beschichteten Pfanne erhitzen, Spätzle zufügen und 5 Min. bei mittlerer Hitze braten,
dabei ab und zu wenden. Frühlingszwiebeln, Schinkenwürfel und Tomaten untermischen und 1 – 2 Min. mitbraten. Alles salzen und pfeffern. Käse darüberstreuen und zugedeckt
in 3 – 4 Min. schmelzen lassen. Spätzle sofort servieren.

Das schmeckt dazu: Grüner Salat mit Vinaigrette

bunte Pfanne

Puten-Reisfleisch

ZUTATEN FÜR 4 PORTIONEN
25 MIN.

500 g Putenbrustfilet | je 2 rote und grüne Paprika-schoten | 2 Zwiebeln | 4 EL Rapsöl | 1 EL edelsüßes Paprikapulver | 1–2 TL rosenscharfes Paprikapulver | Salz | Pfeffer | 1 Dose stückige Tomaten (400 g) | 150 ml Fleischbrühe | 2 Beutel Express-Langkornreis (à 250 g)

Pro Portion ca. 420 kcal 35 g EW 14 g Fett 38 g KH

1. Putenfilet waschen, trocken tupfen und 1–2 cm groß würfeln. Paprikaschoten vierteln, entkernen, waschen und in 1–2 cm große Stücke schneiden. Die Zwiebeln schälen und in Spalten schneiden.

2. Das Fleisch im Öl bei starker Hitze 3 Min. kräftig anbra-ten. Zwiebeln und Paprika dazugeben und 2 Min. mitbraten. Alles mit beiden Sorten Paprikapulver bestäuben, kurz anschwitzen, salzen und pfeffern.

3. Tomaten und Brühe dazugeben. Den Reis unterrühren und alles offen 5 Min. kochen lassen. Mit Salz und Pfeffer abschmecken und in der Pfanne servieren.

Gemüse-Weizen-Pfanne

ZUTATEN FÜR 4 PORTIONEN
25 MIN.

300 g Zucchini | 1 Zwiebel | 2 EL Olivenöl | 300 g Zartweizen | 600 ml Hühnerbrühe | 1 Dose Mais (140 g) | 150 g rote Spitzpaprikaschoten | 1/2 gegrilltes Hähnchen (ca. 350 g) | 1 Bund Schnittlauch | Salz | Pfeffer | edelsüßes Paprikapulver

Pro Portion ca. 485 kcal 16 g EW 14 g Fett 64 g KH

1. Die Zucchini waschen und putzen, die Zwiebel schälen, beides 1 cm klein würfeln. Das Öl in einem Topf erhitzen, Zwiebel und Zucchini darin 2–3 Min. andünsten. Weizen dazugeben und die Brühe angießen. Weizen bei schwacher Hitze nach Packungsangabe in 10 Min. ausquellen lassen.

2. Inzwischen den Mais abgießen, kalt abbrausen und abtropfen lassen. Spitzpaprika halbieren, putzen, waschen und klein würfeln. Das Hähnchen häuten. Fleisch vom Knochen ablösen, in kleine Stücke schneiden und mit Mais und Paprika unter den Weizen mischen. Alles noch 5 Min. erwärmen.

3. Inzwischen den Schnittlauch waschen, trocken schütteln, fein schneiden und unterheben. Die Gemüse-Weizen-Pfan-ne mit Salz, Pfeffer und Paprika abschmecken.

Kinderhit

frisch & leicht

Grüne Spargel-Pasta

ZUTATEN FÜR 4 PORTIONEN
30 MIN.
500 g grüner Spargel
200 g Zuckerschoten
300 g Kirschtomaten
3 Schalotten
400 g Penne (Röhrennudeln)
Salz
2 EL Olivenöl
1 EL Butter
200 g Sahne | Pfeffer
8 – 12 Basilikumblätter

Pro Portion ca. 620 kcal 18 g EW
23 g Fett 86 g KH

1. Spargel im unteren Drittel schälen, die Enden abschneiden. Die Stangen schräg in 1 cm dicke Stücke schneiden. Die Zuckerschoten waschen und putzen, je nach Größe ganz lassen oder schräg halbieren. Die Tomaten waschen und halbieren. Die Schalotten schälen und in feine Streifen schneiden.

2. Die Nudeln in reichlich kochendem Salzwasser nach Packungsangabe bissfest garen. Inzwischen das Öl und die Butter in einer großen beschichteten Pfanne erhitzen. Den Spargel darin 4 Min. anbraten. Schalotten und Zuckerschoten dazugeben und 3 Min. mitbraten.

3. Nudeln abgießen, dabei 200 ml Nudelkochwasser auffangen. Mit der Sahne unter das Gemüse rühren, aufkochen und 1 Min. einkochen lassen, mit Salz und Pfeffer würzen. Nudeln und Tomaten untermischen und kurz erwärmen. Basilikumblätter abreiben. Spargel-Pasta damit bestreut servieren.

vegeta-risch

Spitzkohl-Nudeln mit Pistazien-Pesto

ZUTATEN FÜR 4 PORTIONEN
40 MIN.
1 Bund Petersilie
50 g Pistazienkerne
100 ml Olivenöl
50 g geriebener Parmesan
1 TL abgeriebene Bio-Orangenschale
Salz | Pfeffer
400 g Tagliatelle (Bandnudeln)
300 g Spitzkohl | 250 g Möhren
1 EL Butter | 125 ml Gemüsebrühe
Cayennepfeffer

Pro Portion ca. 750 kcal 21 g EW
38 g Fett 81 g KH

1. Für das Pesto die Petersilie waschen und trocken schütteln. Blätter bis auf einen kleinen Rest grob hacken. Petersilie und Pistazien mit dem Öl im Blitzhacker oder in einem hohen Becher mit dem Pürierstab fein pürieren. Parmesan und Orangenschale untermischen, mit Salz und Pfeffer würzen.

2. Die Nudeln nach Packungsangabe in reichlich kochendem Salzwasser bissfest garen. Inzwischen den Kohl waschen, putzen und in 1 cm feine Streifen schneiden. Möhren putzen, schälen und mit dem Sparschäler längs in dünne Scheiben schneiden. Kohl- und Möhrenstreifen in der Butter 2–3 Min. unter Wenden andünsten. Brühe angießen. Das Gemüse zugedeckt bei schwacher Hitze 3–4 Min. dünsten und mit Salz und Cayennepfeffer würzen.

3. Pesto mit 3 EL Nudelkochwasser cremig rühren. Nudeln abgießen, kurz abtropfen lassen und mit der Hälfte des Pestos unter das Gemüse mischen. Übriges Pesto darauf verteilen. Mit restlicher Petersilie garniert servieren.

Einfach köstlich kombiniert: Frische Pilze, Tomaten und Crème fraîche geben den Nudeln Charakter. Für Würze sorgen Knoblauch und Petersilie. Mit luftgetrocknetem Schinken getoppt: ein Pastagericht der Luxusklasse!

Farfalle mit Pilzen in Rahm

ZUTATEN FÜR 4 PORTIONEN
30 MIN.
400 g gemischte Pilze (z. B. Champignons, Egerlinge, Kräuterseitlinge)
200 g Kirschtomaten
1 weiße Zwiebel
1 Knoblauchzehe
400 g Farfalle (Schmetterlingsnudeln)
Salz
1/2 Bund Petersilie
2 EL Olivenöl
1–2 TL Zitronensaft
Pfeffer
100 g Crème fraîche
75 g luftgetrockneter Schinken (in dünnen Scheiben; z. B. Parma- oder Serranoschinken)

Pro Portion ca. 580 kcal 22 g EW 19 g Fett 79 g KH

gäste-fein

1. Die Pilze putzen, abreiben und grob zerkleinern. Tomaten waschen, je nach Größe halbieren oder vierteln. Zwiebel und Knoblauch schälen und fein würfeln.

2. Nudeln nach Packungsangabe in reichlich kochendem Salzwasser bissfest garen, abgießen und abtropfen lassen. Petersilie waschen und trocken schütteln. Die Blätter grob hacken.

3. Das Öl in einer großen Pfanne erhitzen. Die Pilze darin 2–3 Min. unter Wenden braten, leicht salzen. Zwiebel und Knoblauch dazugeben, weitere 2 Min. braten. Pilze mit Zitronensaft und Pfeffer abschmecken.

4. Nudeln, Tomaten, Petersilie und Crème fraîche dazugeben und alles gut durchschwenken. Mit Salz und Pfeffer abschmecken und auf vorgewärmten Tellern anrichten. Schinken in mundgerechte Stücke zupfen und auf den Nudeln verteilen.

Austausch-Tipp: Mit frischen Steinpilzen wird das Pastagericht zum Aroma-Knüller.

Das steckt drin!

Vitamin D sorgt dafür, dass Kalzium aus der Nahrung aufgenommen und in Knochen und Zähne eingebaut wird. Ca. 80 Prozent des benötigten Vitamin D bildet der Körper in der Haut selbst, und zwar mit Hilfe von UV-Licht der Sonne. Den Rest decken Nahrungsmittel wie Fisch, Käse und Pilze. Im Winter wird weniger Vitamin D produziert, zum Mangel kommt es aber selten. Der Tagesbedarf liegt bei 2 bis 10 µg.

So viel Vitamin D steckt in 100 g:
Hering 26,71 µg
Steinpilze 3,10 µg
Champignons 1,94 µg
Gouda 1,25 µg

Rigatoni mit Fenchel-Tomaten-Sauce

ZUTATEN FÜR 4 PORTIONEN
45 MIN.
500 g Fenchelknollen
2 mittelgroße Möhren
250 g Zucchini
1 Zwiebel | 1 Knoblauchzehe
3 EL Olivenöl
Salz | Pfeffer
2 EL Tomatenmark
250 ml Gemüsebrühe
500 g stückige Tomaten (Tetrapak)
400 g Rigatoni (Röhrenudeln)

Pro Portion ca. 520 kcal 17 g EW
11 g Fett 86 g KH

1. Fenchel waschen. Das Grün hacken. Die Knollen vierteln, den Strunk keilförmig herausschneiden, Fenchel quer in 1/2 cm feine Streifen schneiden. Die Möhren schälen, Zucchini waschen und putzen und beides in kleine Würfel schneiden. Zwiebel und Knoblauch schälen und fein würfeln.

2. Das Öl in einer großen Pfanne erhitzen. Zwiebel, Möhren und Fenchel darin bei mittlerer Hitze 3–4 Min. braten, salzen und pfeffern. Knoblauch, Tomatenmark, Brühe und stückige Tomaten einrühren. Alles zugedeckt bei mittlerer Hitze 10 Min. schmoren. Zucchini unterrühren und weitere 10 Min. schmoren.

3. Inzwischen die Nudeln nach Packungsangabe in reichlich kochendem Salzwasser bissfest garen, abgießen und abtropfen lassen. Die Sauce mit Salz und Pfeffer abschmecken. Fenchelgrün dazugeben. Sauce zu den Nudeln servieren.

Tuning-Tipp: 100 g Salami in feine Streifen schneiden und mit anbraten.

Kinder-Hit

Schinken-Nudeln mit Brokkoli

ZUTATEN FÜR 4 PORTIONEN
35 MIN.
500 g Brokkoli
Salz | 2 EL Pinienkerne
350 g Fusilli (Spiralnudeln)
1 Zwiebel
200 g gekochter Schinken
(in Scheiben)
1 EL Rapsöl | 1 EL Butter
200 g Doppelrahm-Frischkäse
100 g geriebener junger Gouda
Pfeffer

Pro Portion ca. 730 kcal 40 g EW
31 g Fett 72 g KH

1. Den Brokkoli waschen, putzen und in Röschen teilen, Stiele schälen und klein würfeln. Brokkoli in kochendem Salzwasser 3 Min. blanchieren. Abgießen, eiskalt abschrecken und gut abtropfen lassen. Pinienkerne in einer Pfanne ohne Fett goldbraun anrösten und abkühlen lassen.

2. Die Nudeln nach Packungsangabe in reichlich kochendem Salzwasser bissfest garen. Inzwischen die Zwiebel schälen und fein würfeln. Den Schinken in kleine Würfel schneiden. Öl und Butter in einer großen Pfanne erhitzen, Zwiebel darin glasig dünsten. Schinken und Brokkoli dazugeben und 2–3 Min. mitdünsten. Frischkäse und Gouda untermischen und unter gelegentlichem Rühren schmelzen lassen.

3. Die Nudeln abgießen, abtropfen lassen und unter die Brokkoli-Käsesauce heben, mit Salz und Pfeffer würzen. Die Nudeln mit den Pinienkernen bestreuen und sofort servieren.

Spaghetti alla Bolognese

ZUTATEN FÜR 4 PORTIONEN
30 MIN. + 1 STD. SCHMOREN

1 Zwiebel | 2 Knoblauchzehen | 1 Möhre | 1 Stange
Staudensellerie | 2 EL Butter | 350 g gemischtes
Hackfleisch | 1 Dose stückige Tomaten (400 g) |
200 ml Fleischbrühe | 1 TL getrocknete italienische
Kräuter | Salz | Pfeffer | 400 g Spaghetti |
80 g geriebener Parmesan

Pro Portion ca. 755 kcal 39 g EW 28 g Fett 81 g KH

1. Zwiebel, Knoblauch und Möhre schälen, Sellerie
waschen. Alles klein würfeln und in der Butter andünsten. Hackfleisch zugeben und unter Rühren in 5 Min.
krümelig braten. Tomaten, Brühe und Kräuter zufügen.
Alles aufkochen, salzen und pfeffern. Bei schwacher Hitze
zugedeckt 1 Std. schmoren. Ab und zu umrühren.

2. Ca. 20 Min. vor dem Servieren reichlich Salzwasser
aufkochen. Spaghetti darin nach Packungsangabe
bissfest garen. Abgießen, abtropfen lassen und mit dem
Ragout anrichten. Mit Parmesan bestreut servieren.

Muschel-Linguine

ZUTATEN FÜR 4 PORTIONEN
30 MIN.

1 kg Miesmuscheln | 2 Schalotten | 2 Knoblauch-
zehen | 1 Fleischtomate | 300 g Linguine (flache
Spaghetti) | Salz | 3 EL Olivenöl | 100 ml Weißwein
(ersatzweise Gemüsebrühe) | 150 ml Gemüsebrühe |
2–3 EL gehackte Petersilie | Pfeffer

Pro Portion ca. 420 kcal 15 g EW 11 g Fett 61 g KH

1. Muscheln gut waschen, geöffnete Muscheln wegwerfen. Schalotten und Knoblauch schälen und fein würfeln.
Tomate waschen, vierteln, entkernen und würfeln. Nudeln
nach Packungsangabe in Salzwasser bissfest garen.

2. Inzwischen Schalotten, Knoblauch und Tomate im Öl
2 Min. andünsten. Muscheln, Wein und Brühe zugeben und zugedeckt bei starker Hitze 5 Min. kochen, bis
alle Muscheln geöffnet sind. Geschlossene Muscheln
aussortieren. Nudeln abgießen, abtropfen lassen und
mit der Petersilie unter die Muscheln mischen, mit Pfeffer
abschmecken und servieren.

preis-
werter
Klassiker

reich an
Zink

Mamma mia, was für ein Auflauf! Mehrere Lagen Lasagneblätter mit gebratenen Auberginen, Fleischragout, Béchamelsauce und Käse gefüllt und im Ofen goldbraun überbacken. Allein der Duft lockt die Lieben in die Küche und an den Tisch.

Auberginen-Lasagne

ZUTATEN FÜR 4 PORTIONEN
1 STD. + 45 MIN. BACKEN
1 Zwiebel
2 Knoblauchzehen
6 EL Olivenöl + Öl für die Form
250 g Rinderhackfleisch
1 TL getrockneter Oregano
1 Dose stückige Tomaten (400 g)
250 ml Fleischbrühe
Salz | Pfeffer | 50 g Butter | 40 g Mehl
500 ml Milch | 2 Auberginen (ca. 500 g)
250 g Lasagneblätter
100 g geriebener mittelalter Gouda

Pro Portion ca. 840 kcal 37 g EW 47 g Fett 67 g KH

gut vor-
zubereiten

1. Für das Fleischragout Zwiebel und Knoblauch schälen und klein würfeln. 2 EL Öl in einer Pfanne erhitzen, Zwiebel- und Knoblauchwürfel darin andünsten. Hackfleisch dazugeben und unter Rühren bei mittlerer Hitze krümelig braten. Oregano, Tomaten und Brühe zugeben. Alles salzen, pfeffern und bei mittlerer Hitze offen 15 Min. kochen lassen.

2. Für die Béchamelsauce 40 g Butter zerlassen. Das Mehl unterrühren und kurz anschwitzen, dann die Milch zugießen und glatt rühren. Die Sauce aufkochen und unter gelegentlichem Umrühren bei schwacher bis mittlerer Hitze 10 Min. kochen lassen. Mit Salz und Pfeffer abschmecken.

3. Die Auberginen waschen, putzen und in 3 mm dicke Scheiben schneiden, salzen und ziehen lassen. In einer großen Pfanne 4 EL Öl erhitzen, die Auberginen trocken tupfen und portionsweise in 4–5 Min. von beiden Seiten goldbraun braten. Herausnehmen und auf Küchenpapier legen.

4. Inzwischen den Backofen auf 200° (Umluft 180°) vorheizen. Eine rechteckige Auflaufform (ca. 35 x 20 cm) einfetten. Den Boden der Form mit einer Lage Nudelplatten auslegen. Darauf eine Schicht Auberginen legen, jeweils etwas Hackfleischragout, Béchamelsauce und Käse darüber verteilen und wieder mit Nudelplatten belegen. So fortfahren, bis alle Zutaten verbraucht sind. Mit Auberginenscheiben und Béchamelsauce abschließen und diese mit Käse bestreuen. Übrige Butter in Flöckchen darauflegen. Lasagne mit Ofen (Mitte) in 45 Min. goldbraun backen.

Austausch-Tipp: Mögen Sie es lieber vegetarisch? Dann nehmen Sie für das Ragout statt Hackfleisch 100 g frische Pilze und 1 Bund Suppengrün – alles klein gewürfelt.

Tortellini-Gratin mit Gemüse

ZUTATEN FÜR 4 PORTIONEN
20 MIN. + 20 MIN. BACKEN
2 dünne Stangen Lauch
1 zarter Kohlrabi | 1 Zwiebel
2 EL Olivenöl + Öl für die Form
1 EL Mehl | 250 ml Gemüsebrühe
100 g Sahne | 100 g TK-Erbsen
Salz | Pfeffer
400 g Tortellini mit Käsefüllung
(Fertigprodukt; Kühlregal)
8 Kirschtomaten
100 g Bärlauchkäse

Pro Portion ca. 475 kcal 18 g EW
27 g Fett 40 g KH

1. Den Lauch putzen, längs aufschneiden, waschen und in dünne Scheiben schneiden. Den Kohlrabi putzen, schälen und in Stücke, dann in dünne Scheiben schneiden. Die Zwiebel schälen und klein würfeln.

2. Den Backofen auf 200° (Umluft 180°) vorheizen. Zwiebelwürfel im Öl glasig dünsten. Lauch und Kohlrabi dazugeben und 2–3 Min. mitdünsten. Das Mehl darüberstäuben und kurz anschwitzen. Brühe und Sahne angießen und aufkochen. Gemüse bei mittlerer Hitze offen 5 Min. garen. Die Erbsen dazugeben und alles mit Salz und Pfeffer würzen.

3. Inzwischen die Tortellini nach Packungsangabe in Salzwasser kochen, abgießen, abtropfen lassen und unter das Gemüse mischen. Eine Gratinform einfetten, die Gemüse-Tortellini-Mischung hineingeben. Kirschtomaten waschen, trocken tupfen und darauflegen. Den Käse grob raspeln und aufstreuen. Gratin im Ofen (Mitte) 20–25 Min. überbacken.

Familien-hit

Makkaroni-Tomaten-Auflauf

ZUTATEN FÜR 4 PORTIONEN
35 MIN. + 30 MIN. BACKEN
1 Zwiebel | 1 Möhre
4 EL Olivenöl + Öl für die Form
400 g Putengeschnetzeltes
Salz | Pfeffer
1 EL Thymianblättchen
500 g passierte Tomaten (Tetrapak)
125 ml Hühnerbrühe
300 g Makkaroni
150 g geriebener Bergkäse

Pro Portion ca. 660 kcal 47 g EW
25 g Fett 61 g KH

1. Zwiebel und Möhre schälen, klein würfeln und in 1 EL Öl bei mittlerer Hitze 3–4 Min. andünsten. Putengeschnetzeltes trocken tupfen, zugeben und 3–4 Min. kräftig anbraten. Mit Salz, Pfeffer und Thymian würzen. Die Tomaten einrühren. Brühe angießen und alles bei mittlerer Hitze 10 Min. kochen lassen, dabei gelegentlich rühren.

2. Inzwischen den Backofen auf 200° (Umluft 180°) vorheizen. Die Nudeln nach Packungsangabe in reichlich kochendem Salzwasser bissfest garen, abgießen und abtropfen lassen. Dann unter die Fleischsauce mischen.

3. Eine Auflaufform einfetten und die Makkaroni-Fleisch-Mischung hineingeben. Den Käse auf dem Auflauf verteilen. Mit dem übrigen Olivenöl beträufeln. Den Auflauf im Ofen (Mitte) in 30 Min. goldbraun backen.

Das schmeckt dazu: Grüner Salat mit Vinaigrette

Gebratene Nudeln mit Omelettstreifen

**ZUTATEN FÜR 4 PORTIONEN
30 MIN.**
3 Eier (Größe M) | 4 EL Sahne
Salz | Pfeffer | 4 EL Erdnussöl
300 g Romanesco
300 g Möhren
250 g Staudensellerie
6 EL Sojasauce
250 ml Gemüsebrühe
1 TL Sambal oelek (nach Belieben)
200 g Mie-Nudeln (chinesische
Weizennudeln)

Pro Portion ca. 450 kcal 16 g EW
23 g Fett 47 g KH

1. Eier, Sahne, Salz und Pfeffer verrühren. 1 EL Öl in einer Pfanne erhitzen. Eiermasse darin in 2–3 Min. stocken lassen. Wenden, noch 1 Min. braten. Omelett herausnehmen, abkühlen lassen und in 1 cm breite Streifen schneiden.

2. Romanesco putzen, waschen und in Röschen teilen. Möhren schälen und längs halbieren, Sellerie waschen und putzen, beides schräg in dünne Scheiben schneiden. 5 EL Sojasauce, Gemüsebrühe und nach Belieben Sambal oelek verrühren. Die Nudeln in reichlich kochendem Salzwasser nach Packungsangabe zusammen mit dem Romanesco bissfest garen. Abgießen, eiskalt abschrecken und gut abtropfen lassen.

3. Möhren und Sellerie im übrigen Öl unter ständigem Rühren in einem Wok oder einer großen Pfanne 2–3 Min. braten. Sauce dazugeben, unter Rühren aufkochen und alles 2–3 Min. garen. Gemüse-Nudeln und Omelettstreifen unterheben. Alles nochmals erhitzen, mit Sojasauce und Pfeffer abschmecken.

Wok-Nudeln mit Rindfleisch

ZUTATEN FÜR 4 PORTIONEN
30 MIN.
400 g Rindfleisch zum Kurzbraten
100 ml Teriyakisauce (Asienregal;
ersatzweise Sojasauce)
2 TL Speisestärke
je 1 rote und gelbe Paprikaschote
1 Bund Frühlingszwiebeln
200 g Shiitake | 300 g Mie-Nudeln
(chin. Weizennudeln) | Salz |
1 EL Sesamöl | 3 EL Erdnussöl |
Pfeffer | 100 ml Gemüsebrühe

Pro Portion ca. 550 kcal 33 g EW
18 g Fett 65 g KH

1. Fleisch trocken tupfen und in feine Streifen schneiden. Teriyakisauce und Stärke verrühren, Fleisch damit vermischen. Paprikaschoten vierteln, entkernen, waschen und in feine Streifen schneiden. Frühlingszwiebeln putzen, waschen und schräg in 2 cm breite Stücke schneiden. Die Shiitakepilze abreiben, entstielen und vierteln.

2. Die Nudeln nach Packungsangabe in reichlich kochendem Salzwasser bissfest garen, abgießen und abtropfen lassen, dann mit dem Sesamöl beträufeln.

3. Inzwischen 2 EL Öl in einem Wok oder einer großen Pfanne erhitzen. Fleisch abtropfen lassen und unter Wenden 2–3 Min. bei starker Hitze anbraten. Herausnehmen und in die Marinade zurückgeben. Gemüse und Pilze mit dem übrigen Öl im Wok 2–3 Min. anbraten, salzen und pfeffern. Brühe, Fleisch und Marinade hinzufügen und bei schwacher Hitze noch 1–2 Min. kochen lassen. Mit den Nudeln servieren.

Reisnudel-Risotto mit Tomaten

ZUTATEN FÜR 4 PORTIONEN
30 MIN.
1 Zwiebel | 1 l Gemüsebrühe
2 EL Olivenöl
300 g griechische Reisnudeln (Kritharaki-Nudeln)
2 TL Tomatenmark | 50 g getrocknete Tomaten in Öl
250 g Mozzarella
8 Stängel Oregano (ersatzweise 1–2 TL getrockneter Oregano)
Salz | Pfeffer

Pro Portion ca. 540 kcal 15 g EW 16 g Fett 82 g KH

1. Zwiebel schälen, fein würfeln. Brühe aufkochen. Öl in einem breiten Topf erhitzen. Zwiebelwürfel und Reisnudeln bei mittlerer Hitze glasig dünsten. Tomatenmark unterrühren und anschwitzen. Ein Viertel der Brühe angießen, Reisnudel-Risotto unter Rühren bei mittlerer Hitze 20 Min. garen, nach und nach die übrige Brühe zugießen.

2. Die Tomaten abtropfen lassen und in Streifen, den Mozzarella in dünne Scheibchen oder Würfel schneiden und zusammen unter die Pasta rühren. Oregano waschen und trocken schütteln. Die Blätter grob hacken und unterheben. Alles mit Salz und Pfeffer abschmecken und bis zum Servieren kurz ruhen lassen, bis der Mozzarella leicht geschmolzen ist.

Rosmarin-Risotto mit Kräuterseitlingen

ZUTATEN FÜR 4 PORTIONEN
40 MIN.
3 Schalotten
2 Zweige Rosmarin (ersatzweise 2 TL getrockneter)
1,2 l Gemüsebrühe | 4 EL Olivenöl
400 g Risotto-Reis
4 Frühlingszwiebeln
300 g Kräuterseitlinge (ersatzweise Egerlinge)
50 g geriebener Parmesan
Salz | Pfeffer

Pro Portion ca. 530 kcal 17 g EW 21 g Fett 65 g KH

1. Die Schalotten schälen und fein würfeln. Rosmarin waschen und trocken schütteln. Nadeln abstreifen und hacken. Brühe aufkochen. 2 EL Öl in einem breiten Topf erhitzen. Schalotten, Rosmarin und Reis bei mittlerer Hitze 3 Min. andünsten. Ein Viertel der Brühe angießen. Risotto unter Rühren bei mittlerer Hitze 25 Min. garen, nach und nach die übrige Brühe unter Rühren zugießen.

2. Inzwischen Frühlingszwiebeln putzen, waschen und schräg in feine Ringe schneiden. Pilze putzen, abreiben und klein schneiden. Zusammen im übrigen heißen Öl 5 Min. braten und mit dem Parmesan unter den Risotto heben. Mit Salz und Pfeffer abschmecken und servieren.

Thymian-Zitronen-Polenta

ZUTATEN FÜR 4 PORTIONEN
30 MIN.
750 ml Gemüsebrühe | 150 g Polenta (Maisgrieß) |
4–6 Zweige Thymian | 1 kleine Bio-Zitrone | 40 g Butter |
50 g geriebener Parmesan | Salz | Pfeffer | frisch
geriebene Muskatnuss

Pro Portion ca. 260 kcal 8 g EW 12 g Fett 28 g KH

1. In einem hohen Topf die Brühe aufkochen. Polenta einrieseln lassen und mit einem Schneebesen kräftig umrühren. Bei
mittlerer Hitze zum Kochen bringen, dann bei schwächerer
Hitze 4–5 Min. unter Rühren kochen lassen. Polenta zugedeckt
auf dem abgeschalteten Herd weitere 10 Min. ziehen lassen.

2. Inzwischen den Thymian waschen und trocken schütteln.
Blättchen abstreifen und fein hacken. Zitronen heiß waschen,
abtrocknen und fein abreiben. Thymian und Zitronenschale
zur Polenta geben, mit Butter und Käse gründlich unterrühren.
Polenta mit Salz, Pfeffer und Muskat abschmecken.

Das schmeckt dazu: Kräftig gewürztes Hackfleisch- oder
Rindfleischragout

ganz einfach

Cashewkern-Zwiebel-Reis

ZUTATEN FÜR 4 PORTIONEN
35 MIN.
250 g Langkornreis | Salz | 100 g Cashewkerne | 4 Früh-
lingszwiebeln | 2 EL Butterschmalz | Salz | Pfeffer

Pro Portion ca. 410 kcal 9 g EW 16 g Fett 57 g KH

1. Den Reis in 600 ml Salzwasser aufkochen und zugedeckt bei
schwacher Hitze 20 Min. quellen lassen, dann abgießen und
gut abtropfen lassen.

2. Inzwischen die Cashewkerne hacken. Die Frühlingszwiebeln
putzen, waschen und in feine Ringe schneiden.

3. Das Butterschmalz in einer großen Pfanne erhitzen. Die
Frühlingszwiebeln und Cashewkerne darin 2–3 Min. anbraten,
bis die Nüsse goldbraun sind. Den Reis dazugeben und bei
mittlerer Hitze unter Wenden in 5 Min. rundherum anbraten.
Mit Salz und Pfeffer abschmecken.

Das schmeckt dazu: Asiatische Wokgerichte

reich an Vitamin B1

Polenta-Schnitten mit Pilzen

ZUTATEN FÜR 4 PORTIONEN
35 MIN. + 20 MIN. BACKEN
Salz | 250 g Polenta (Maisgrieß) | 2 EL Mascarpone | Pfeffer | 100 g Champignons | 8 Salbeiblätter | 1/2 EL Olivenöl + Öl für die Form | 1 EL Butter

Pro Portion ca. 290 kcal 7 g EW 8 g Fett 47 g KH

1. In einem hohen Topf 650 ml Salzwasser aufkochen. Polenta einrieseln lassen und mit einem Schneebesen kräftig umrühren. Bei mittlerer Hitze zum Kochen bringen, dann bei schwächerer Hitze 4–5 Min. unter Rühren kochen lassen. Polenta zugedeckt auf dem abgeschalteten Herd weitere 10 Min. ziehen lassen. Vom Herd nehmen. Mascarpone unterrühren und alles mit Salz und Pfeffer würzen.

2. Inzwischen den Backofen auf 220° (Umluft 200°) vorheizen. Eine Tarteform (Ø 26–28 cm) einölen. Die Pilze putzen, abreiben und längs in dünne Scheiben schneiden. Salbeiblätter abreiben. Polenta in die Form geben und flach streichen, mit Olivenöl einstreichen. Erst Pilze und Salbei, dann die Butter in Flöckchen darauflegen. Polenta im Ofen (2. Schiene von unten) 20 Min. backen. Zum Servieren in Tortenstücke schneiden.

Butterspätzle

ZUTATEN FÜR 4 PORTIONEN
30 MIN. + 30 MIN. RUHEN
400 g Mehl | 4 Eier (Größe M) | Salz | frisch geriebene Muskatnuss | 2 EL Butter | Pfeffer

Pro Portion ca. 455 kcal 17 g EW 11 g Fett 71 g KH

1. Mehl, Eier und 200 ml Wasser in eine Schüssel geben und mit den Quirlen des Handrührers in 2–3 Min. zu einem glatten Teig schlagen, bis er Blasen wirft. Teig mit 1 TL Salz und Muskat würzen und 30 Min. quellen lassen.

2. In einem großen Topf Wasser mit Salz aufkochen. Den Teig durch eine Spätzlepresse portionsweise in das kochende Wasser drücken. Jede Portion kurz aufkochen, die aufsteigenden Spätzle mit einer Schaumkelle herausheben, in kaltem Wasser abschrecken und in einem Sieb gut abtropfen lassen.

3. Die Butter in einer beschichteten Pfanne erhitzen und die Spätzle darin bei mittlerer Hitze 4–5 Min. erwärmen, dabei mehrmals wenden. Mit Salz und Pfeffer würzen.

Das schmeckt dazu: Fleischragout oder Geschnetzeltes

Jambalaya heißt die bunte Reispfanne aus den Südstaaten
der USA. Eine herrlich deftige Mischung, die voller
Würze steckt. Reis, Schinken und Tomaten müssen sein.
Und der Rest? Man nehme, was der Kühlschrank gerade bietet.

Kreolische Reispfanne

ZUTATEN FÜR 4 PORTIONEN
40 MIN. + 25 MIN. GAREN

je 1 rote und grüne Paprikaschote
150 g Staudensellerie
2 Zwiebeln
2 Knoblauchzehen (nach Belieben)
400 g Hähnchenbrustfilet
200 g gekochter Schinken
2 EL Rapsöl
300 g parboiled Naturreis
1 Dose stückige scharfe Tomaten (400 g)
1 EL frisch gehackter Thymian (ersatzweise 2 TL getrockneter)
600 ml Hühnerbrühe
130 g Garnelen (Kühlregal)
Salz | Pfeffer

Pro Portion ca. 565 kcal 47 g EW 13 g Fett 62 g KH

1. Paprikaschoten und Sellerie waschen, putzen und beides in 1 cm breite Streifen oder Scheiben schneiden. Zwiebeln schälen, halbieren und in Streifen schneiden. Nach Belieben Knoblauch schälen und fein hacken. Hähnchenfilet waschen, trocken tupfen und in Stücke von 1–2 cm schneiden. Schinken 1 cm groß würfeln.

2. Das Öl in einer großen Pfanne erhitzen. Zwiebelstreifen glasig dünsten. Knoblauch und Hähnchenfilet zugeben, unter Wenden 3–4 Min. anbraten. Schinken, Paprika und Sellerie zufügen und unter Rühren 2–3 Min. mitdünsten. Den Reis untermischen und 3 Min. mitdünsten. Tomaten und Thymian einrühren, Brühe dazugießen. Alles bei schwacher Hitze zugedeckt 15 Min. schmoren, dann offen noch 10 Min. garen.

3. Die Garnelen trocken tupfen und unterheben, weitere 5 Min. mitschmoren. Alles mit Salz und Pfeffer abschmecken und servieren.

Tuning-Tipp: Mögen Sie es noch feuriger und fruchtiger? Für eine scharfe Tomatensauce 1 kleine Zwiebel und 1 frische rote Chilischote fein hacken. 5 grüne, mit Paprika gefüllte Oliven quer in feine Scheiben schneiden. Alles mit 250 g passierten Tomaten verrühren und mit 4 EL Limettensaft, Salz und Pfeffer abschmecken.

toll für Gäste

Das steckt drin!

Vitamin B6 ist ein wichtiger Begleiter vieler Enzyme, die den Eiweißstoffwechsel im Körper steuern. Genau wie Folsäure hilft es bei der Blutbildung und unterstützt das Immunsystem. Vitamin B6 kommt in fast allen Nahrungsmitteln vor. Tagesdosen von 1,2 bis 1,6 mg reichen aus.

So viel Vitamin B6 steckt in 100 g:
Hähnchenbrustfilet 0,53 mg
Bananen 0,37 mg
Naturreis 0,28 mg

Grundrezept Pizzateig

ZUTATEN FÜR 1 BACKBLECH (4 PORTIONEN)
20 MIN. + 1 STD. GEHEN
400 g Weizenmehl (Type 550) + Mehl zum Arbeiten | Salz | 1 Würfel Hefe | 1 Prise Zucker | 2 EL Olivenöl + Öl für das Blech

Pro Portion ca. 390 kcal 11 g EW 7 g Fett 71 g KH

1. Mehl und 1/2 TL Salz mischen. In die Mitte eine Mulde drücken, Hefe hineinbröckeln und mit 5 EL lauwarmem Wasser beträufeln. Zucker zufügen, Hefe mit dem Wasser und 2–3 EL Mehl vom Rand her mit einer Gabel zu einem dicken Brei verrühren. Mit Mehl bestäuben und 15 Min. gehen lassen.

2. 140 ml lauwarmes Wasser und Olivenöl zum Vorteig geben. Alles mit den Knethaken des Handrührgeräts verkneten. Dann mit den Händen auf wenig Mehl kräftig weiterkneten. Teig zur Kugel formen und zugedeckt 30 Min. gehen lassen.

3. Den Teig erneut auf Mehl durchkneten und dünn ausrollen. Ein Backblech einölen, Teig darauflegen, Ränder hoch drücken. Teig nochmals 15 Min. gehen lassen und wie auf dieser Seite beschrieben belegen und backen.

Pizza mit Schinken

ZUTATEN FÜR 1 BACKBLECH (4 PORTIONEN)
40 MIN. + 1 STD. GEHEN + 10–12 MIN. BACKEN
1 Grundrezept Pizzateig (oben) | 1 Dose Pizza-Tomaten (400 g) | Salz | Pfeffer | 1 TL getrockneter Oregano | 150 g gekochter Schinken (in Scheiben) | 4 Stängel Basilikum | 250 g Mozzarella | 80 g schwarze Oliven

Pro Portion ca. 640 kcal 32 g EW 24 g Fett 74 g KH

1. Den Pizzateig nach dem Grundrezept zubereiten, gehen lassen und ein Backblech damit belegen. Backofen auf 250° (Umluft 220°) vorheizen.

2. Pizza-Tomaten mit Salz, Pfeffer und Oregano würzen. Den Schinken grob zerkleinern. Basilikumblätter abzupfen und abreiben. Mozzarella abtropfen lassen, in Scheiben schneiden.

3. Pizzateig mit den Tomaten bestreichen und mit Basilikum belegen. Schinken, Mozzarella und Oliven darauf verteilen. Pizza im Ofen (2. Schiene von unten) 10–12 Min. backen.

Tipp: Haben Sie runde Pizzableche? Dann reichen Teig und Belag jeweils für 2 Stück. Am besten nacheinander backen.

gut vor-zubereiten

Klassiker aus Italien

Kürbis-Pizza

ZUTATEN FÜR 1 BACKBLECH (4 PORTIONEN)
40 MIN. + 1 STD. GEHEN + 20−25 MIN. BACKEN
1 Grundrezept Pizzateig (links) | 2 weiße Zwiebeln |
2 Knoblauchzehen | 2 EL Olivenöl | 1 TL Zucker | 1 Dose
Pizza-Tomaten mit Oregano (400 g) | Salz | Pfeffer |
500 g Hokkaido-Kürbis | 100 g geriebener Bergkäse

Pro Portion ca. 600 kcal 21 g EW 21 g Fett 81 g KH

1. Den Pizzateig zubereiten, gehen lassen und ein Backblech
damit belegen. Backofen auf 220° (Umluft 200°) vorheizen.

2. 1 Zwiebel und den Knoblauch schälen und in kleine
Würfel schneiden. Das Öl erhitzen, Zwiebelwürfel darin glasig
dünsten. Knoblauch zugeben, mit Zucker bestreuen und
1 Min. mitdünsten. Pizza-Tomaten zugeben, aufkochen und bei
schwacher Hitze 5 Min. dünsten, dann salzen und pfeffern.

3. Inzwischen Kürbis waschen, in Spalten schneiden, entkernen und samt Schale in Streifen hobeln. Übrige Zwiebel
schälen und in Ringe hobeln. Pizzateig mit der Tomatensauce
bestreichen. Mit Kürbis und Zwiebeln belegen. Käse darüberstreuen. Pizza im Ofen (2. Schiene von unten) 25 Min. backen.

Bunte Paprika-Pizza

ZUTATEN FÜR 1 BACKBLECH (4 PORTIONEN)
50 MIN. + 1 STD. GEHEN + 20−25 MIN. BACKEN
1 Grundrezept Pizzateig (links) | 750 g Tomaten |
1 EL Kapern | 1 TL italienische getrocknete Kräuter |
Salz | Pfeffer | je 1 rote, gelbe und grüne Paprikaschote |
2 Dosen Thunfisch im eigenen Saft (à ca. 140 g Abtropf-
gewicht) | 150 g milder Schafkäse (Feta) | 2 EL Olivenöl

Pro Portion ca. 675 kcal 37 g EW 22 g Fett 79 g KH

1. Den Pizzateig zubereiten, gehen lassen und ein Backblech
damit belegen. Backofen auf 220° (Umluft 200°) vorheizen.

2. Die Tomaten überbrühen, abschrecken, häuten und halbieren. Stielansatz und Kerne entfernen, Tomaten in kleine
Würfel schneiden. Kapern hacken, mit den Kräutern, Salz und
Pfeffer unter die Tomaten mischen. Paprikaschoten vierteln,
entkernen, waschen und in feine Streifen schneiden. Thunfisch
abtropfen lassen und zerpflücken.

3. Erst die Tomatenmischung, dann Paprika und Thunfisch auf
dem Teig verteilen. Feta zerbröckeln und aufstreuen. Pizza mit
dem Öl beträufeln und im Ofen (Mitte) 20−25 Min. backen.

pikant-
würzig

Fisch & Meeres- früchte

Kreuz und quer durch Teich und Meer. Mit an Bord: Die besten Rezepte für Fischers große und kleine Freunde.

Blitzrezepte

japanisch inspiriert

Kinder-Hit

Lachs auf Sprossen-Spinat

ZUTATEN FÜR 4 PORTIONEN
25 MIN.

4 Lachsfilets ohne Haut (à ca. 160 g) | 2 EL Limetten-saft | 5–6 EL Teriyakisauce (Asienregal; ersatzweise Sojasauce) | Pfeffer | 1 Zwiebel | 1 Knoblauchzehe | 2 EL Erdnussöl | 750 g TK-Blattspinat | 2 EL Sesam | 100 g Mungobohnen-Sprossen | 2 TL dunkles Sesamöl

Pro Portion ca. 470 kcal 39 g EW 32 g Fett 6 g KH

1. Fisch waschen, trocken tupfen, mit Limettensaft und 2 EL Teriyakisauce beträufeln und pfeffern. Zwiebel und Knoblauch schälen, fein würfeln und in 1 EL Öl glasig dünsten. Gefrorenen Spinat dazugeben, 125 ml Wasser angießen. Den Spinat zugedeckt bei mittlerer Hitze 7 Min. dünsten, dabei zwischendurch umrühren.

2. Inzwischen den Sesam in einer Pfanne ohne Fett anrösten, abkühlen lassen. Übriges Erdnussöl in der Pfanne erhitzen, Lachs darin von jeder Seite 3–4 Min. braten.

3. Die Sprossen abbrausen, gut abtropfen lassen und unter den Spinat heben. Spinat mit 3–4 EL Teriyakisauce, Sesamöl und Pfeffer abschmecken. Lachs auf dem Spinat anrichten und mit Sesam bestreut servieren.

Gemüse-Fisch-Spieße

ZUTATEN FÜR 4 PORTIONEN
25 MIN.

8 TK-Fischstäbchen (ca. 250 g) | je 1 kleine rote und gelbe Paprikaschote | 16 kleine weiße Champignons | 12 Kapernäpfel (Glas; nach Belieben) | 2 EL Olivenöl | Salz | Pfeffer | 3 EL Zitronensaft | 1 EL gehackte Petersilie | 4 Zitronenschnitze | Holzspieße

Pro Portion ca. 200 kcal 10 g EW 11 g Fett 14 g KH

1. Die Fischstäbchen 10 Min. antauen lassen. Inzwischen die Paprikaschoten halbieren, entkernen, waschen und in 16 Stücke (ca. 2 x 2 cm) schneiden. Champignons putzen und abreiben. Evtl. Kapernäpfel abtropfen lassen.

2. Fischstäbchen halbieren. Mit Gemüse und evtl. Kapernäpfeln vorsichtig auf Schaschlik-Spieße stecken. Das Öl in einer großen beschichteten Pfanne erhitzen. Die Spieße darin von jeder Seite 3–4 Min. braten. Mit Salz und Pfeffer würzen, mit Zitronensaft beträufeln und mit Petersilie bestreuen. Mit den Zitronenschnitzen servieren.

Das schmeckt dazu: Fladenbrot und Zaziki

reich an Jod

Garnelen in Knoblauchbutter

ZUTATEN FÜR 4 PORTIONEN
25 MIN.
400 g rohe geschälte TK-Garnelen (aufgetaut) |
1 EL Zitronensaft | Pfeffer | 500 junge Zucchini |
3 Frühlingszwiebeln | 2 EL Olivenöl | 300 g kleine
Tomaten | Salz | 2 Knoblauchzehen | 2 EL Pinienkerne |
40 g Butter

Pro Portion ca. 290 kcal 22 g EW 19 g Fett 7 g KH

1. Die Garnelen waschen, trocken tupfen, mit Zitronensaft
beträufeln und pfeffern. Die Zucchini waschen, putzen,
längs halbieren und in dünne Scheiben schneiden. Die
Frühlingszwiebeln putzen, waschen und in feine Ringe
schneiden.

2. In einer großen Pfanne 1 EL Öl erhitzen, Zwiebeln und
Zucchini darin unter Wenden 5 Min. braten. Inzwischen die
Tomaten waschen, vom Stielansatz befreien, vierteln und
unter das Gemüse heben. Salzen, pfeffern und warm halten.

3. Das übrige Öl in einer zweiten Pfanne erhitzen, Garnelen
darin 2–3 Min. anbraten. Knoblauch schälen, fein würfeln
und mit den Pinienkernen zufügen. Die Butter zugeben
und alles salzen und pfeffern. Garnelen auf dem Gemüse
anrichten, mit der Knoblauchbutter beträufeln.

einfach lecker

Seelachs im Kräutermantel

ZUTATEN FÜR 4 PORTIONEN
25 MIN.
4 Seelachsfilets (à ca. 180 g) | Salz | Pfeffer |
2 EL Zitronensaft | 3 EL Mehl | 2 Eier (Größe M) |
80 g Semmelbrösel | 4 TL getrocknete Kräuter der
Provence | 3 EL Olivenöl | 4 Zitronenschnitze

Pro Portion ca. 365 kcal 40 g EW 14 g Fett 6 g KH

1. Die Fischfilets waschen und trocken tupfen. Mit Salz und
Pfeffer würzen und mit dem Zitronensaft beträufeln.

2. Drei tiefe Teller bereitstellen. Auf den ersten das Mehl
geben, im zweiten die Eier verquirlen, auf dem dritten
Semmelbrösel und Kräuter mischen. Fischfilets im Mehl
wenden, leicht abklopfen. Dann die Filets durch die Eier
ziehen, zum Schluss in den Kräuter-Bröseln wenden.

3. Das Öl in einer großen oder zwei kleineren Pfannen heiß
werden lassen. Die Fischfilets darin bei mittlerer Hitze auf
jeder Seite 4 Min. braten und mit den Zitronenschnitzen
anrichten.

Das schmeckt dazu: Für einen Zitronen-Knoblauch-Dip
4 EL Mayonnaise mit 4 EL Joghurt verrühren. 1 Knoblauchzehe schälen und dazupressen. Den Dip mit Salz, Pfeffer
und 2 TL Zitronensaft würzen.

Klassiker aufgefrischt

Scholle mit Tomaten-Speck-Sauce

ZUTATEN FÜR 4 PORTIONEN
30 MIN.
300 g Tomaten
1 Zwiebel
100 g Frühstücksspeck (Bacon)
1/2 Bund Petersilie
1 EL Rapsöl | Salz | Pfeffer
1 TL abgeriebene Bio-Zitronenschale
600 g Schollenfilets ohne Haut
(ersatzweise Kabeljau)
30 g Mehl
4 EL Butterschmalz

Pro Portion ca. 440 kcal 30 g EW
32 g Fett 8 g KH

1. Die Tomaten waschen, vom Stielansatz befreien, vierteln, entkernen und in 1 cm große Würfel schneiden. Die Zwiebel schälen und mit dem Speck fein würfeln. Die Petersilie waschen und trocken schütteln. Die Blätter hacken.

2. Speck und Zwiebel im Öl 2 Min. andünsten. Die Tomaten zugeben und 2–3 Min. mitdünsten. Alles mit Salz, Pfeffer und Zitronenschale würzen. Die Sauce warm halten.

3. Inzwischen die Schollenfilets waschen und trocken tupfen. Salzen und pfeffern, im Mehl wenden und leicht abklopfen. Das Butterschmalz in einer großen beschichteten Pfanne erhitzen, die Fischfilets darin von jeder Seite 2 Min. bei mittlerer Hitze braten. Filets auf vorgewärmten Tellern anrichten und mit der Petersilie bestreuen. Die heiße Speck-Tomaten-Sauce darübergießen.

Das schmeckt dazu: Salzkartoffeln oder Kartoffelstampf

Knusper-Fisch mit Zucchini-Gemüse

ZUTATEN FÜR 4 PORTIONEN
45 MIN.

4 Fischfilets (à ca. 160 g;
z. B. Seelachs oder Rotbarsch)
Salz | Pfeffer | 1 Bund Thymian
50 g Pekan- oder Walnusskerne
50 g Semmelbrösel
6 TL scharfer Senf | 400 g Möhren
400 g junge Zucchini
1 kleine Zwiebel | 4 EL Olivenöl
2 TL flüssiger Honig
250 ml Hühnerbrühe

Pro Portion ca. 490 kcal 35 g EW
29 g Fett 13 g KH

1. Fischfilets waschen, trocken tupfen und mit Salz und Pfeffer würzen. Thymian waschen und trocken schütteln. Die Blättchen abstreifen und hacken. Nüsse fein hacken, mit Bröseln und Thymian auf einem Teller mischen. Fischfilets rundherum mit Senf bestreichen und im Semmelbrösel-Mix wenden, dabei die Mischung sehr gut andrücken.

2. Möhren putzen, schälen und in kräftige Stifte schneiden. Zucchini waschen, putzen, längs halbieren und schräg in 1/2 cm breite Stücke schneiden. Zwiebel schälen, fein würfeln und in 1 EL Öl glasig dünsten. Möhren und Zucchini dazugeben und 4 Min. mitbraten. Mit Salz, Pfeffer und Honig würzen. Brühe zugießen, aufkochen und alles zugedeckt bei schwacher Hitze 5 Min. dünsten.

3. Inzwischen übriges Öl in einer großen beschichteten Pfanne erhitzen, die Fischfilets darin bei mittlerer Hitze von jeder Seite 2–3 Min. braten und mit dem Gemüse servieren.

In der Kürze liegt die Würze: Bei Grillhitze im Ofen kommt der wertvolle Seefisch schon nach 20 Minuten Garzeit saftig und aromatisch auf den Tisch. Kräuter, Fenchelsamen und -gemüse verleihen ihm besondere Finesse.

Gegrillte Fenchel-Makrele

ZUTATEN FÜR 4 PORTIONEN
25 MIN. + 20 MIN. GRILLEN

4 küchenfertige Makrelen (à 350–400 g)
2 TL Fenchelsamen
1 TL schwarze Pfefferkörner
2 TL grobes Meersalz
1/2 Bund Thymian
1 kleine Bio-Zitrone
4 EL Olivenöl
2 Fenchelknollen

reich an Vitamin D

Pro Portion ca. 650 kcal 76 g EW 45 g Fett 3 g KH

1. Die Makrelen waschen und gründlich trocken tupfen. Die Haut der Fische mit einem sehr scharfen Messer ganz leicht kreuzweise einritzen. Fenchelsamen, Pfefferkörner und Meersalz im Mörser fein zerstoßen. Die Fische innen und außen damit einreiben.

2. Thymian waschen und trocken schütteln. Die Blättchen abzupfen und hacken. Zitrone heiß waschen und abtrocknen. 1 EL Schale fein abreiben und mit Thymian und Olivenöl mischen. Die Hälfte der Mischung über die Makrelen träufeln. Fenchel waschen und halbieren, den Strunk herausschneiden. Fenchelhälften der Länge nach sechsteln, mit dem übrigen Würz-Öl einstreichen und salzen.

3. Den Backofen-Grill auf höchster Stufe vorheizen. Die Makrelen mit dem Fenchel auf einem Backblech verteilen und unter den heißen Grillstäben (Abstand 10 cm) pro Seite 10 Min. grillen. Die Fische mit dem Fenchel servieren.

Das schmeckt dazu: Röstkartoffeln oder Baguette

Tuning-Tipp: Dazu als Dip Salsa verde servieren: Von 2 Bund Petersilie die Blätter abzupfen, mit 2 abgetropften Sardellenfilets (in Öl) und 1 EL Kapern fein hacken. 2 TL Senf, 8 EL Olivenöl und 1–2 EL Rotweinessig verrühren und unter den Kräuter-Mix mischen. 4 Cornichons fein würfeln und unterheben. Mit Salz und Pfeffer würzen.

Das steckt drin!

Omega-3-Fettsäuren sollten Sie reichlich essen, um Gefäße und Gehirn fit zu halten und das Krebsrisiko zu verringern. Aus den mehrfach ungesättigten Fettsäuren werden Gewebshormone gebildet, die das Immunsystem positiv beeinflussen und Entzündungen mildern. Wer zwei mal pro Woche fetten Seefisch (Makrele, Hering, Lachs) isst und Raps-, Walnuss- oder Leinöl verwendet, ist top versorgt.

So viel Omega-3-Fettsäure steckt in 100 g:
Lachs 1,8 g
Makrele 1,0 g
Rapsöl 9,0 g

reich an Omega-3-Fettsäuren

Matjes mit Rösti

**ZUTATEN FÜR 4 PORTIONEN
45 MIN.**

1 kg festkochende Kartoffeln
2 Zwiebeln | 2 Eier (Größe L)
Salz | Pfeffer | 4 EL Rapsöl
200 g Sahnejoghurt
2 EL saure Sahne
100 g Gewürzgurken (+4 EL Sud) |
1 kleiner Apfel (z. B. Elstar)
8 Matjesfilets (à ca. 60 g)
2 EL Schnittlauchröllchen

Pro Portion ca. 710 kcal 29 g EW
50 g Fett 37 g KH

1. Für die Rösti Kartoffeln schälen und grob raspeln. 1 Zwiebel schälen und fein würfeln. Kartoffeln und Zwiebelwürfel mit den Eiern verrühren und mit Salz und Pfeffer kräftig würzen.

2. Das Öl in einer großen beschichteten Pfanne erhitzen, die Kartoffelmasse hineinfüllen und flach drücken. Bei mittlerer Hitze 15 Min. braten, bis die Unterseite goldbraun ist. Rösti mit Hilfe eines großen Tellers wenden. Umgekehrt zurück in die Pfanne gleiten lassen und 10 Min. weiterbraten.

3. Inzwischen Joghurt und saure Sahne mit dem Gurkensud glatt rühren, salzen und pfeffern. Gurken in dünne Scheiben schneiden. Apfel waschen, vierteln, entkernen und in dünne Scheiben schneiden. Übrige Zwiebel schälen, halbieren und in feine Halbringe schneiden. Äpfel, Gurken und Zwiebeln zur Joghurt-Mischung geben, salzen und pfeffern. Matjes mit der Joghurtsauce auf Teller geben und mit Schnittlauch bestreuen. Rösti achteln und dazu anrichten.

Pannfisch

**ZUTATEN FÜR 4 PORTIONEN
50 MIN.**
500 g Fischfilet (z. B. Rotbarsch,
Kabeljau) | Salz
800 g Pellkartoffeln
(vom Vortag; Rezept Seite 108)
1 Bio-Minigurke | 1 Zwiebel
100 g durchwachsener
Räucherspeck
1 Bund Petersilie | 2 EL Rapsöl
1 EL Butter | 200 g Sahne | Pfeffer
2 EL scharfer Senf

Pro Portion ca. 600 kcal 30 g EW
42 g Fett 27 g KH

1. Fischfilet waschen, in 400 ml kochendes Salzwasser einlegen und zugedeckt bei schwächster Hitze 10 Min. ziehen lassen. Dann abtropfen lassen und in mundgerechte Stücke schneiden.

2. Inzwischen Kartoffeln pellen und in 1/2 cm dicke Scheiben schneiden. Gurke waschen, abtrocknen, längs halbieren, entkernen und in dünne Scheiben schneiden. Zwiebel schälen und fein würfeln. Speck in kleine Würfel schneiden. Petersilie waschen und trocken schütteln. Die Blätter hacken.

3. Speck in 1 El Öl kross ausbraten. Kartoffeln bei mittlerer Hitze 5–8 Min. mitbraten, bis sie knusprig werden. Ab und zu wenden. Kartoffeln an den Pfannenrand schieben. Butter und übriges Öl in der Pfanne erhitzen. Zwiebel, Gurken und Fisch darin 2–3 Min. braten. Sahne, Salz, Pfeffer und Senf verrühren, über die Pfannenmischung gießen und alles 5 Min. zugedeckt ziehen lassen. Mit Petersilie bestreut servieren.

Forellen im Papier

ZUTATEN FÜR 4 PORTIONEN
25 MIN. + 25 MIN. GAREN IM OFEN
2 1/2 Bio-Zitronen | 4 Stängel Zitronenmelisse
4 küchenfertige Forellen (à ca. 350 g)
Salz | Pfeffer | 4 Knoblauchzehen
2 EL Olivenöl + Olivenöl zum Einfetten
4 große Tomaten | 4 Blatt Pergamentpapier (à 40 x 50 cm)

Pro Portion ca. 430 kcal 69 g EW 16 g Fett 2 g KH

1. Backofen auf 200° (Umluft 180°) vorheizen. 1/2 Zitrone auspressen. Zitronenmelisse waschen und trocken schütteln. Forellen waschen, trocken tupfen und innen und außen mit Salz, Pfeffer und dem Zitronensaft würzen. Knoblauch schälen, in dünne Scheiben schneiden und mit je 1 Stängel Zitronenmelisse in die Bauchhöhle der Forellen füllen. Fische außen mit dem Olivenöl bestreichen.

2. Tomaten überbrühen, abschrecken und häuten. Stielansatz und Kerne entfernen, Tomaten würfeln. Die übrigen beiden Zitronen heiß waschen, abtrocknen und in dünne Scheiben schneiden. Papierblätter mit Olivenöl einfetten. Tomaten darauf verteilen, jeweils mit 1 Forelle belegen. Zitronenscheiben darauf verteilen. Das Papier um die Fische einschlagen, an den Enden gut verschließen. Päckchen nebeneinander auf ein Backblech legen. Forellen im Ofen (Mitte) 25 Min. garen und im Papier servieren.

Rotbarsch aus der Folie

ZUTATEN FÜR 4 PORTIONEN
25 MIN. + 20–25 MIN. GAREN IM OFEN
250 g Möhren | 150 g Zuckerschoten
100 g kleine Champignons
Salz | Pfeffer
100 g entsteinte grüne Oliven
4 Rotbarschfilets (à ca. 160 g) | 4 TL Zitronensaft
4 sehr kleine Zweige Rosmarin | 4 EL Olivenöl + Olivenöl zum Einfetten
4 Stück Alufolie (à 30 x 40 cm)

Pro Portion ca. 340 kcal 31 g EW 22 g Fett 5 g KH

1. Backofen auf 200° (Umluft 180°) vorheizen. Möhren putzen, schälen und in feine Stifte schneiden. Zuckerschoten waschen und quer halbieren. Champignons putzen, abreiben und in Scheibchen schneiden. Alles mischen, salzen und pfeffern.

2. Oliven abtropfen lassen und in Ringe schneiden. Fischfilets waschen, trocken tupfen, salzen und pfeffern und mit Zitronensaft beträufeln. Rosmarin waschen und trocken schütteln.

3. Folienstücke mit Olivenöl einpinseln, zwei Drittel vom Gemüse auf den Folienstücken verteilen. Mit je 1 Fischfilet belegen. Oliven, übriges Gemüse und je 1 Zweig Rosmarin darauf verteilen, mit je 1 EL Olivenöl beträufeln. Alufolie zu Päckchen verschließen. Filets je nach Dicke im Ofen (Mitte) 20–25 Min. garen und in der Folie servieren.

schön saftig

Fischfilet mit Estragon-Gurken

ZUTATEN FÜR 4 PORTIONEN
40 MIN.
2 Salatgurken (à ca. 400 g)
2 Schalotten
1 EL Butter
2 TL Mehl + Mehl zum Wenden
150 ml Gemüse- oder Hühnerbrühe
200 g Sahne | 4 Fischfilets
(à ca. 175 g; z. B. Zander ohne Haut)
Salz | Pfeffer | 2 EL Rapsöl |
4 Stängel Estragon (ersatzweise
1/2 Bund Dill)

Pro Portion ca. 400 kcal 36 g EW 25 g
Fett 6 g KH

1. Die Gurken putzen, schälen, längs halbieren und die Kerne herausschaben. Die Hälften dann in Würfel schneiden. Schalotten schälen, in feine Streifen schneiden und in der Butter glasig dünsten. Gurken zufügen und 1 Min. mitdünsten. Mit dem Mehl bestäuben, kurz anschwitzen. Brühe angießen. Alles zugedeckt 5 Min. dünsten. Sahne zugeben und das Ragout offen weitere 3 Min. garen.

2. Die Fischfilets waschen, trocken tupfen, mit Salz und Pfeffer würzen und in Mehl wenden. Das Öl in einer beschichteten Pfanne erhitzen, Filets darin von jeder Seite 2–3 Min. braten.

3. Gurkenragout salzen und pfeffern. Estragon waschen und trocken schütteln. Blätter klein schneiden und unterheben. Gurken kurz ziehen lassen, dann mit dem Fisch anrichten.

bunt & gesund

Fisch-Piccata auf Paprikaragout

ZUTATEN FÜR 4 PORTIONEN
25 MIN.
je 1 rote und orange Paprikaschote
4 EL Olivenöl
1 EL edelsüßes Paprikapulver
150 ml Gemüsebrühe
3 EL Ajvar (Glas)
125 g Sahne | 4 Fischfilets
(à ca. 125 g; z. B. Tilapia, Kabeljau)
4 EL Mehl | 2 Eier (Größe M) |
50 g geriebener Parmesan | Salz |
Pfeffer | 2 EL gehackte Petersilie

Pro Portion ca. 445 kcal 33 g EW 30 g
Fett 11 g KH

1. Die Paprikaschoten vierteln, entkernen, waschen und in feine Streifen schneiden. In einem Topf 2 EL Öl erhitzen, Paprika 2–3 Min. darin andünsten. Mit dem Paprikapulver bestäuben, kurz anschwitzen. Mit der Brühe ablöschen, Ajvar einrühren, Sahne zugießen und alles zugedeckt bei schwacher Hitze 15 Min. dünsten, dabei gelegentlich umrühren.

2. Inzwischen Fischfilets waschen, trocken tupfen und quer in 3 Stücke schneiden. Zwei tiefe Teller bereitstellen. Auf den ersten das Mehl schütten. Im zweiten die Eier verquirlen, Käse untermischen, salzen und pfeffern. Fischstücke erst im Mehl wenden, dann durch die Eier-Käse-Mischung ziehen.

3. Fischstücke im restlichen Öl bei mittlerer Hitze von jeder Seite 3 Min. goldgelb braten. Die Paprikasauce mit Salz und Pfeffer abschmecken und zu dem Fisch servieren. Mit gehackter Petersilie bestreuen.

Fisch mit Lauch, Tomaten und Gouda im Ofen überbacken sieht appetitlich aus, hat ein würziges Aroma und bleibt unter dem Deckmäntelchen von Gemüse und Käse schön saftig. Damit ködern Sie die ganze Familie!

Seelachs mit Lauch-Kruste

ZUTATEN FÜR 4 PORTIONEN
20 MIN. + 20–25 MIN. BACKEN
1 dünne Stange Lauch
1 Fleischtomate (ca. 200 g)
4–5 Stängel Oregano (ersatzweise 1 TL getrockneter)
150 g mittelalter Gouda
Salz | Pfeffer
600 g Seelachsfilet
1 EL Zitronensaft
Butter für die Form

Pro Portion ca. 235 kcal 39 g EW 8 g Fett 2 g KH

1. Den Backofen auf 180° (Umluft 160°) vorheizen. Lauch putzen, längs aufschneiden, waschen und in sehr feine Ringe schneiden. In einer Schüssel mit kochend heißem Wasser übergießen, 1 Min. ziehen lassen, dann abgießen und gut abtropfen lassen. Die Tomate waschen, vom Stielansatz befreien, vierteln, entkernen und fein würfeln. Oregano waschen und trocken schütteln. Die Blätter abzupfen. Den Gouda fein reiben. Lauch, Tomaten, Oregano und Gouda mischen und mit Salz und Pfeffer würzen.

2. Eine große Auflaufform fetten. Den Seelachs waschen, trocken tupfen und in vier Stücke schneiden. Mit Salz und Pfeffer würzen, mit Zitronensaft beträufeln. Die Fischstücke in die Form geben. Die Gemüse-Käse-Mischung daraufhäufen und den Fisch im Ofen (Mitte) 20–25 Min. überbacken.

Das schmeckt dazu: Baguette oder Salzkartoffeln

Variante: Für 4 Portionen Fisch mit Tomaten-Kruste 150 g Kastenweißbrot entrinden und mit den Händen fein zerbröseln. 1/2 Bund Petersilie hacken, 50 g getrocknete Tomaten in Öl abtropfen lassen und fein würfeln. Beides mit 2 EL Butter und 2 EL Olivenöl zum Brot geben. Alles mischen, salzen und pfeffern. Tomatenmix auf den vorbereiteten Fischfilets verteilen. Im Ofen bei 200° (Umluft 180°; Mitte) 13–15 Min. backen.

Das steckt drin!

Jod braucht unser Körper, um Schilddrüsenhormone aufzubauen. Sie halten den Energiehaushalt im Lot, aktivieren das Zell-Wachstum und regeln die Körpertemperatur. Zu wenig davon? Dann wächst die Schilddrüse, und ein Kropf entsteht. Meerfisch ist die beste Jodquelle – einmal pro Woche essen! Und immer mit Jodsalz würzen. Das deckt ein Zehntel des Tagesbedarfs von 180 bis 200 µg.

So viel Jod steckt in 100 g:
Seelachs 200 µg
Kabeljau 170 µg
Garnelen 130 µg
Miesmuscheln 130 µg

gut vorzubereiten

Mangold-Lachs-Päckchen

ZUTATEN FÜR 4 PORTIONEN
30 MIN.
8 große Mangoldblätter | Salz | 4 Lachsfilets
(à ca. 150 g) | Pfeffer | 100 ml Gemüsebrühe |
3 Eigelb | 3 EL Ajvar (Glas) | 150 g Magermilchjoghurt

Pro Portion ca. 390 kcal 35 g EW 26 g Fett 3 g KH

1. Mangoldblätter waschen, Stängel abschneiden. Blätter
in kochendem Salzwasser 30 Sek. blanchieren. Abgießen,
eiskalt abschrecken und abtropfen lassen. Mittelrippen
flach schneiden. Lachs waschen, salzen und pfeffern.

2. Je 2 Mangoldblätter mit je 1 Fischfilet belegen und
darüber zusammenschlagen. Päckchen auf einem Dämpf-
einsatz zugedeckt über leise kochendem Salzwasser
10–15 Min. dämpfen. Inzwischen Brühe leicht erwärmen.
Eigelbe mit Ajvar, Brühe, Salz und Pfeffer über einem
heißen Wasserbad in 5 Min. cremig aufschlagen. Joghurt
neben dem Wasserbad einrühren. Sauce salzen, pfeffern
und nochmals vorsichtig über dem Wasserbad erwärmen.
Mit den Fischpäckchen anrichten.

Fischröllchen in Zitronensauce

ZUTATEN FÜR 4 PORTIONEN
45 MIN.
4 Schollen- oder Bio-Pangasiusfilets (à ca. 175 g) |
Salz | Pfeffer | 4 TL Senf | 100 g Möhren | 100 g Stau-
densellerie | 1 Bio-Zitrone | 2 Schalotten | 2 EL Butter |
1/2 TL Zucker | 250 ml Fischfond (Glas) | 150 g Sahne

Pro Portion ca. 170 kcal 21 g EW 8 g Fett 3 g KH

1. Filets waschen, trocken tupfen, längs halbieren, salzen,
pfeffern und mit Senf bestreichen. Möhren schälen, Sellerie waschen und putzen. Beides in sehr feine Streifen
schneiden, auf die Filets verteilen und einrollen.

2. Zitrone heiß waschen und abtrocknen. 1 EL Schale fein
abreiben, Saft auspressen. Schalotten schälen, würfeln
und in der Butter 2 Min. dünsten. Mit Salz und Zucker
würzen. Fond angießen. Röllchen einlegen, zugedeckt bei
schwacher Hitze 10 Min. dünsten, herausnehmen und
warm halten. Zitronenschale und Sahne einrühren und in
5 Min. cremig einkochen lassen. Mit Salz, Pfeffer und 2 EL
Zitronensaft würzen, mit den Fischröllchen anrichten.

raffiniert

leicht
& frisch

East meets West: Beizen nach skandinavischer Art
gilt als eine der raffiniertesten Methoden, Fisch zu
veredeln. Hier erwartet den Lachs die fein-herbe Frische
von Zitronengras, Limette und frischem Koriandergrün.

Asia-Graved Lachs

ZUTATEN FÜR 6 PORTIONEN
30 MIN. + 24 STD. MARINIEREN
2 gleich große Lachsfilets mit Haut (à ca. 350 g)
2 Stängel Zitronengras
1 Stück Ingwer (ca. 3 cm)
1 Bio-Limette
1 EL weiße Pfefferkörner
50 g brauner Zucker
2 EL grobes Meersalz
1 EL helle Sojasauce
1 EL Erdnussöl
1 Bund Koriandergrün (ersatzweise Petersilie)

Pro Portion ca. 260 kcal 23 g EW 18 g Fett 0 g KH

toll für Gäste

1. Die Gräten in den Lachsfilets mit einer Pinzette entfernen. Die Filets waschen und trocken tupfen. 1 Fischfilet mit der Hautseite nach unten in eine flache Schale legen.

2. Das Zitronengras von den Hüllblättern befreien und waschen, die unteren 10 cm in winzig kleine Würfel schneiden. Ingwer schälen und sehr fein würfeln. Die Limette heiß waschen und abtrocknen. Schale mit einem Zestenschneider in feinen Streifen abziehen oder die Limette schälen und die Schale in dünne Streifen schneiden. Den Saft auspressen. Die Pfefferkörner in einem Mörser grob zerstoßen, mit dem Zucker, 1 EL Limettensaft, Salz, Sojasauce und Öl vermischen.

3. Das Koriandergrün waschen und trocken schütteln. Die Blätter grob hacken. Zwei Drittel davon auf das Lachsfilet streuen. Die Pfeffer-Mischung auf dem Lachsfilet verteilen, mit Zitronengras, Ingwer und Limettenschale bestreuen. Das zweite Lachsfilet mit der Fleischseite auf die Beize legen und mit dem übrigen Koriandergrün bestreuen. Filets zusammendrücken und fest mit Klarsichtfolie abdecken.

4. Ein Brett oder einen Teller auf die Filets legen und mit einer Dose oder Gewichten beschweren. Fisch zugedeckt 24 Std. im Kühlschrank marinieren, dabei einmal wenden.

5. Die Beize von den Filets entfernen und den Fisch trocken tupfen. Filets mit einem sehr scharfen, langen Messer schräg zur Faser in hauchdünne Scheiben schneiden.

Tuning-Tipp: Für eine Chili-Koriander-Sauce 1/2 Bund Koriandergrün waschen und trocken schütteln. Die Blätter fein hacken. 1 frische rote Chilischote putzen, längs halbieren, entkernen und fein würfen. 300 g saure Sahne mit 3 EL Mayonnaise verrühren. Chili, Koriandergrün und 3 TL Limettensaft unterheben, mit Salz und Pfeffer abschmecken.

schön würzig

Fischknödel in Kapernsauce

ZUTATEN FÜR 4 PORTIONEN
45 MIN.
400 g Fischfilet (z. B. Kabeljau)
5 Scheiben Toastbrot (ca. 100 g)
1 kleine Zwiebel | 1 Ei | 2 TL mittel-
scharfer Senf | Salz | Pfeffer
1/2 TL abgeriebene Bio-Zitronen-
schale | 1–3 EL Semmelbrösel
1 l Gemüsebrühe | 1 1/2 EL Butter
2 gestrichene EL Mehl
150 g Crème fraîche
2 EL kleine Kapern (+ 1 EL Kapernsud)

Pro Portion ca. 370 kcal 23 g EW
21 g Fett 16 g KH

1. Fischfilet waschen, trocken tupfen und grob zerkleinern. Portionsweise im elektrischen Blitzhacker oder mit einem Messer sehr fein hacken. Das Toastbrot in lauwarmem Wasser einweichen. Die Zwiebel schälen und sehr fein würfeln. Das Brot gut ausdrücken und mit Zwiebel, Ei, Senf, Salz, Pfeffer und knapp 1/2 TL Zitronenschale zum Fisch geben. Alles gründlich zu einem glatten Teig vermischen. Evtl. noch Semmelbrösel einarbeiten.

2. Brühe aufkochen. Mit befeuchteten Händen ca. 24 tischtennisballgroße Knödel formen, in die kochende Brühe einlegen und in 8–12 Min. gar ziehen lassen. Knödel herausnehmen und warm stellen. Brühe durch ein Sieb gießen.

3. Die Butter zerlassen. Mehl darin unter Rühren anschwitzen. 500 ml Brühe und Crème fraîche einrühren. Die Sauce unter Rühren aufkochen, bei schwacher Hitze 5 Min. leise kochen lassen. Kapern zufügen. Sauce mit Kapernsud, Zitronenschale, Salz und Pfeffer würzen. Knödel in der Sauce erwärmen.

auch Klasse als Burger

Fischbuletten mit Kräuter-Dip

**ZUTATEN FÜR 4 PORTIONEN
40 MIN.**
500 g Fischfilet (z. B. Seelachs)
2 Eier (Größe M)
1 EL geriebener Meerrettich (Glas)
2 TL Zitronensaft | 3 EL Semmelbrösel
Salz | Pfeffer |
150 g Crème fraîche | 2 EL Joghurt
2 Cornichons (+2 EL Sud)
1 Bund gemischte Kräuter (z. B.
Schnittlauch, Dill, Petersilie)
4 EL Rapsöl

Pro Portion ca. 440 kcal 30 g EW
33 g Fett 3 g KH

1. Das Fischfilet waschen, trocknen und in Würfel schneiden. Fisch, Eier, Meerrettich und Zitronensaft in die Küchenmaschine geben und zu einer glatten Masse zerkleinern. Die Semmelbrösel dazugeben, mit Salz und Pfeffer würzen und alles gut vermischen. Den Teig in 12 Portionen teilen und daraus mit nassen Händen 12 Buletten formen. Buletten 10 Min. ins Gefrierfach legen.

2. Inzwischen die Crème fraiche mit Joghurt und Cornichonsud verrühren, salzen und pfeffern. Die Kräuter waschen und trocken schütteln. Die Blätter fein schneiden oder hacken. Die Cornichons klein würfeln und mit den Kräutern unterrühren. Dip kalt stellen.

3. Öl in einer großen beschichteten Pfanne erhitzen. Buletten darin von jeder Seite 3–4 Min. bei mittlerer Hitze goldbraun braten. Mit Kräuter-Dip servieren.

Das schmeckt dazu: Kartoffel-Wedges (Rezept Seite 107)

Fleisch & Geflügel

Lust auf saftig und zart? Dann gönnen Sie sich Leckerbissen wie Knusper-Schnitzel, Hähnchen und kernige Braten.

Blitzrezepte

Minutensteaks italienisch

ZUTATEN FÜR 4 PORTIONEN
25 MIN.
8–12 Minutensteaks vom Rind (à ca. 50–70 g) | Salz |
Pfeffer | 2 Bund Frühlingszwiebeln | 250 g Kirschto-
maten | 2 EL Pinienkerne | 4 EL Olivenöl | 2 EL Aceto
balsamico | 125 ml Fleischbrühe | 1 Kästchen Kresse

Pro Portion ca. 460 kcal 47 g EW 26 g Fett 8 g KH

1. Die Steaks trocken tupfen und rundherum mit Salz und
Pfeffer würzen. Frühlingszwiebeln putzen, waschen und in
5 cm große Stücke schneiden, weiße Stücke nochmals
längs halbieren. Tomaten waschen und halbieren.

2. Die Pinienkerne in einer Pfanne ohne Fett goldbraun
anrösten und abkühlen lassen. 2 EL Öl in einer großen
Pfanne stark erhitzen, die Steaks darin auf jeder Seite 1 Min.
braten. Herausnehmen und warm halten. Das übrige Öl
erhitzen, Frühlingszwiebeln zugeben und bei mittlerer Hitze
2 Min. anbraten. Tomaten zufügen und 1 Min. mitdünsten.
Alles mit dem Essig und der Brühe ablösen, salzen und
pfeffern. Das Fleisch in die Pfanne geben, kurz erwärmen.
Kresse abschneiden. Alles mit Kresse und Pinienkernen
bestreut anrichten.

Schnitzel Wiener Art

Kinderhit

ZUTATEN FÜR 4 PORTIONEN
25 MIN.
4 Schweineschnitzel (Oberschale; à ca. 150 g) |
Salz | Pfeffer | 2 Eier (Größe M) | 2 EL Milch |
4 EL Mehl | 150 g Semmelbrösel | 100 g Butterschmalz |
4 Zitronenschnitze

Pro Portion ca. 595 kcal 43 g EW 31 g Fett 8 g KH

1. Die Schnitzel trocken tupfen, flach klopfen, salzen und
pfeffern. Drei tiefe Teller bereitstellen. Im ersten Eier und
Milch verquirlen, auf den zweiten das Mehl, auf den dritten
die Semmelbrösel geben.

2. Die Schnitzel erst im Mehl, dann in der Eiermilch und in
den Semmelbröseln wenden. Brösel leicht andrücken.

3. Das Butterschmalz in einer großen Pfanne erhitzen,
die Schnitzel darin auf jeder Seite in 3–4 Min. goldbraun
braten. Auf Küchenpapier kurz entfetten. Mit je 1 Zitronenschnitz servieren.

einfach raffiniert

Puten-Saltimbocca

ZUTATEN FÜR 4 PORTIONEN
20 MIN.

4 dünne Putenschnitzel (à ca. 120 g) | 3–4 Stängel
Salbei | 8 kleine Scheiben Lachsschinken ohne Fett-
rand | Salz | Pfeffer | 2 EL Rapsöl | 125 ml Geflügelfond
(Glas) | 1 EL Balsamico bianco | 2 EL Butter |
2 EL gehackte Petersilie | Holzstäbchen

Pro Portion ca. 250 kcal 34 g EW 12 g Fett 1 g KH

1. Schnitzel waschen, trocken tupfen, flach streichen und
quer halbieren. Salbeiblätter abzupfen und abreiben. Jedes
Schnitzelchen mit 1 Schinkenscheibe und 1 Salbeiblatt belegen, zusammenklappen und mit Holzstäbchen zustecken.
Auf beiden Seiten salzen und pfeffern.

2. Das Öl in einer großen Pfanne erhitzen. Saltimbocca
darin auf jeder Seite 2–3 Min. braten. Kurz vor Ende der
Bratzeit übrige Salbeiblätter dazugeben. Fleisch und Salbei
aus der Pfanne nehmen und warm stellen. Bratensatz mit
dem Fond loskochen, mit Essig würzen. Butter in Flöckchen
unterschlagen. Saltimbocca und Salbei in der Sauce erhitzen. Mit Petersilie bestreut servieren.

Das schmeckt dazu: Bundmöhren mit Mohn-Butter
(Rezept Seite 96) und Baguette

Zucchini-Hack-Pfanne

ZUTATEN FÜR 4 PORTIONEN
25 MIN.

500 g Zucchini | 2 rote Zwiebeln | 3 EL Olivenöl |
500 g gemischtes Hackfleisch | Salz | Pfeffer |
1 TL gemahlener Kreuzkümmel | 2 Knoblauchzehen |
1 Dose stückige Tomaten (400 g) | 100 g Manouri-
Schafkäse (ersatzweise Feta) | 2 EL gehackte Petersilie

Pro Portion ca. 510 kcal 32 g EW 39 g Fett 7 g KH

1. Die Zucchini waschen, putzen und in kleine Würfel
schneiden. Zwiebeln schälen und in Spalten schneiden.

2. In einer großen Pfanne 1 EL Öl erhitzen. Hackfleisch darin
bei starker Hitze unter Rühren 5 Min. krümelig braten, mit
Salz, Pfeffer und Kreuzkümmel würzen. Übriges Öl in der
Pfanne erhitzen, Zwiebeln und Zucchini zugeben und 5 Min.
mitdünsten. Knoblauch schälen und dazupressen. Tomaten
und 5 EL Wasser zufügen, alles aufkochen und bei mittlerer
Hitze 5 Min. garen.

3. Käse grob zerbröckeln. Hackpfanne mit Salz und Pfeffer
abschmecken. Mit Petersilie und Käse bestreut servieren.

mit scharfem Dip!

Rumpsteak mit Avocado-Salsa

ZUTATEN FÜR 4 PORTIONEN
30 MIN.
4 Rumpsteaks (à ca. 200 g)
Pfeffer | 2 reife Avocados
500 g Tomaten
1 Bund Frühlingszwiebeln
1–2 frische rote Chilischoten
4 EL Limettensaft
Salz | 1 TL flüssiger Honig
4 EL Olivenöl
1 Bund Koriandergrün (ersatzweise Petersilie)

Pro Portion ca. 640 kcal 49 g EW
45 g Fett 8 g KH

1. Die Steaks trocken tupfen, den Fettrand mehrmals senkrecht einschneiden, Steaks auf beiden Seiten mit Pfeffer einreiben.

2. Avocados halbieren und entsteinen. Fruchtfleisch mit einem Löffel aus den Hälften heben und klein würfeln. Tomaten waschen, vom Stielansatz befreien, vierteln, entkernen und würfeln. Frühlingszwiebeln putzen, waschen und in feine Ringe schneiden. Chili putzen, längs halbieren, entkernen und fein würfeln.

3. Limettensaft, Salz, Pfeffer, Honig und 2 EL Olivenöl verrühren. Avocados, Tomaten, Frühlingszwiebeln und Chili darin wenden. Koriandergrün waschen und trocken schütteln. Die Blätter hacken und unterheben.

4. Die Steaks in übrigem Öl auf jeder Seite je 2 Min. bei starker Hitze anbraten. Dann pro Seite 1 Min. bei mittlerer Hitze weiterbraten. Die Steaks herausnehmen, salzen und mit der Salsa anrichten.

Jägerschnitzel asiatisch

**ZUTATEN FÜR 4 PORTIONEN
40 MIN.**

450 g gemischte Pilze (z. B. Shiitake,
Egerlinge, Champignons)
je 1 kleine rote und gelbe Paprika-
schote | 1 Bund Frühlingszwiebeln
4 Schweineschnitzel (à ca. 150 g)
Salz | Pfeffer | 3 EL Rapsöl
200 ml Gemüsebrühe
200 ml ungesüßte Kokosmilch
2 EL Erdnusscreme »crunchy«
3 EL Sojasauce | 1 TL Sambal oelek

Pro Portion ca. 460 kcal 42 g EW
27 g Fett 12 g KH

mit viel Sauce!

1. Pilze putzen, abreiben und halbieren. Shiitake auch entstielen und vierteln.
Paprikaschoten vierteln, entkernen, waschen und in feine Streifen schneiden.
Die Frühlingszwiebeln putzen und waschen. Weiße und hellgrüne Teile in
feine Ringe schneiden, dunkelgrüne Teile ebenfalls in Ringe schneiden und
beiseitelegen.

2. Schnitzel trocken tupfen, quer halbieren und flach streichen, salzen und
pfeffern. 2 EL Öl in einer großen Pfanne erhitzen, die Schnitzel darin von jeder
Seite 1–2 Min. anbraten. Schnitzel herausnehmen und in Alufolie wickeln.

3. Übriges Öl in der Pfanne erhitzen, Pilze, Paprika und helle Frühlingszwiebeln
darin bei starker Hitze 5 Min. unter Rühren anbraten. Brühe und Kokosmilch
dazugießen. Erdnusscreme einrühren, unter Rühren bei mittlerer Hitze 5 Min.
einkochen lassen. Sauce mit Sojasauce und Sambal oelek würzen. Schnitzel in
der Sauce kurz erwärmen. Mit Frühlingszwiebelgrün bestreut servieren.

Schnitzel mit Möhrenkruste

ZUTATEN FÜR 4 PORTIONEN
25 MIN.
4 Putenschnitzel (à 150–170 g) | Salz | Pfeffer |
2 Eier (Größe M) | 2 EL Milch | 4 EL Mehl |
200 g Möhren | 80 g Semmelbrösel | 3–4 EL Rapsöl |
4 Zitronenschnitze

Pro Portion ca. 450 kcal 49 g EW 17 g Fett 10 g KH

1. Die Putenschnitzel waschen, trocken tupfen und mit
Salz und Pfeffer würzen. Drei tiefe Teller bereitstellen.
Im ersten Eier und Milch verquirlen, auf den zweiten das
Mehl geben. Möhren schälen und raspeln, mit den Semmelbröseln auf dem dritten Teller mischen. Schnitzel erst
im Mehl, dann in den Eiern und in der Möhren-Mischung
wenden. Möhren-Mischung leicht andrücken.

2. Das Öl in einer großen beschichteten Pfanne erhitzen,
die Schnitzel darin von jeder Seite bei mittlerer Hitze je
nach Dicke 3–5 Min. braten, auf Küchenpapier kurz entfetten. Schnitzel mit den Zitronenschnitzen anrichten.

Hähnchen-Nuggets

Kinder-party-Hit

ZUTATEN FÜR 4 PORTIONEN
25 MIN. + 20–25 MIN. BACKEN

500 g Hähnchenbrustfilets | Salz | Pfeffer | 2 Eier
(Größe M) | 4 EL Joghurt | 4 EL Mehl | 100 g ungezu-
ckerte Cornflakes | 200 g Tomatenketchup | 100 ml
Gemüsefond (Glas) | 1 EL Honig | 2 TL Weißweinessig

Pro Portion ca. 380 kcal 35 g EW 7 g Fett 41 g KH

1. Filets waschen, trocken tupfen, in 4 cm große Stücke
schneiden, salzen und pfeffern. Den Backofen auf 200°
(Umluft 180°) vorheizen, ein Backblech miterhitzen. Drei
tiefe Teller bereitstellen. Im ersten Eier und Joghurt verquirlen, auf den zweiten das Mehl geben. Cornflakes auf
dem dritten Teller fein zerbröseln. Fleischstücke im Mehl,
dann in den Eiern und den Cornflakes wenden. Blech mit
Backpapier belegen. Nuggets darauf im Ofen (Mitte) in
20–25 Min. goldbraun backen.

2. Ketchup, Fond, Honig und Essig glatt rühren, salzen,
pfeffern, aufkochen. Abgekühlt zu den Nuggets servieren.

einfach lecker

Wunderbares Winteressen: Die zarten rosa gebratenen Entenfilets beflügeln auch verwöhnte Esser, weil sie fein und unkompliziert sind. Und die Sauce dazu ist ein Traum: fruchtig-würzig aus Orangensaft, Sahne und Rosmarin zubereitet.

Entenbrust mit Orangensauce

ZUTATEN FÜR 4 PORTIONEN
45 MIN.
2 Entenbrustfilets mit Haut (à 350–400 g)
3 Schalotten
2 Bio-Orangen
1 Zweig Rosmarin
Salz | Pfeffer
200 g Sahne
Alufolie

Pro Portion ca. 520 kcal 38 g EW 36 g Fett 8 g KH

für Sonntage

1. Die Entenbrustfilets waschen und trocken tupfen. Mit einem scharfen Messer die weiße Haut der Entenbrustfilets bis zum Fleisch rautenförmig einritzen.

2. Schalotten schälen und fein würfeln. 1 Orange heiß waschen, abtrocknen, die Schale mit einem Zestenschneider in feinen Streifen abziehen oder abreiben, den Saft auspressen. Die zweite Orange samt der weißen Haut großzügig schälen, die Filets zwischen den Trennwänden herausschneiden und beiseitelegen. Rosmarin waschen, trocken schütteln und grob zerteilen.

3. Die Entenbrustfilets mit der Haut nach unten in eine kalte Pfanne legen. Bei mittlerer Hitze in 10–12 Min. knusprig braten, bis das Fett ausgelassen ist. Rosmarin dazugeben. Entenbrust auf der Fleischseite leicht salzen und pfeffern, dann wenden und 5 Min. auf der Fleischseite braten. Entenfilets aus der Pfanne nehmen und mit dem Rosmarin locker in Alufolie einpacken und ruhen lassen.

4. Das ausgebratene Fett aus der Pfanne bis auf ca. 1 EL abgießen. Schalottenwürfel darin unter Rühren bei mittlerer Hitze glasig dünsten. Orangenschale dazugeben. Orangensaft und Sahne dazugießen und bei starker Hitze in 5–7 Min. cremig einkochen lassen. Den Bratensaft aus der Folie dazugeben. Sauce erneut aufkochen und mit Salz und Pfeffer abschmecken. Entenbrust schräg in Scheiben schneiden und mit der Sauce servieren. Mit den Orangenfilets garnieren.

Das schmeckt dazu: Reis oder Tagliatelle (Bandnudeln)

Das steckt drin!

Vitamin C ist das Allroundtalent unter den Vitaminen. So schützt es den Körper vor freien Radikalen, mindert damit das Risiko für Herz-Kreislauf-Erkrankungen und stärkt die Abwehrkräfte. Es unterstützt die Aufnahme von Eisen aus der Nahrung und strafft nebenbei noch die Haut. Wer täglich frisches Obst und Gemüse isst, deckt locker seinen Tagesbedarf von 100 mg.

So viel Vitamin C steckt in 100 g:
Schwarze Johannisbeeren 177 mg
Paprikaschoten 120 mg
Orangen 50 mg

heiß geliebter Klassiker

Cordon bleu

ZUTATEN FÜR 4 PORTIONEN
35 MIN.
4 Schweineschnitzel (à ca. 170 g)
Salz | Pfeffer
4 Scheiben gekochter Schinken
4 kleine Scheiben mittelalter Gouda
4 EL Mehl | 2 Eier (Größe M)
2 EL Milch | 60 g Semmelbrösel
40 g gemahlene Mandeln
4 EL Butterschmalz
4 Zitronenschnitze
Holzstäbchen

Pro Portion ca. 600 kcal 66 g EW
29 g Fett 8 g KH

1. Die Schnitzel trocken tupfen und flach klopfen. Fleisch rundherum salzen und pfeffern, mit je 1 Scheibe Schinken und zur Hälfte mit je 1 Scheibe Gouda belegen. Schnitzel zusammenklappen und mit Holzstäbchen zustecken.

2. Drei tiefe Teller bereitstellen. Auf den ersten das Mehl geben, im zweiten die Eier mit der Milch verquirlen. Auf dem dritten Teller Semmelbrösel und Mandeln mischen. Gefüllte Schnitzel erst im Mehl wenden, überschüssiges Mehl abklopfen, dann das Fleisch durch die Eier ziehen, zum Schluss in der Semmelbrösel-Mischung wenden, Brösel leicht andrücken.

3. Das Schmalz in einer großen beschichteten Pfanne erhitzen, die Cordon bleu bei mittlerer Hitze 4–5 Min. von jeder Seite goldbraun braten. Auf Küchenpapier kurz entfetten und mit je 1 Zitronenschnitz servieren.

Das schmeckt dazu: Kartoffelsalat mit Radieschen (Rezept Seite 53)

Gefüllte Kalbsröllchen

ZUTATEN FÜR 4 PORTIONEN
40 MIN.
8 kleine Kalbsschnitzel (à ca. 80 g)
Salz | Pfeffer | 100 g Ricotta
2 EL Semmelbrösel
knapp 1/2 TL abgeriebene Bio-
Zitronenschale | 12 Basilikumblätter
4 Frühlingszwiebeln | 3 EL Olivenöl
400 ml Kalbsfond (Glas; ersatzweise
Hühnerbrühe) | 200 g Sahne
1–2 EL heller Saucenbinder
Holzstäbchen

Pro Portion ca. 490 kcal 40 g EW
33 g Fett 6 g KH

1. Die Schnitzel trocken tupfen und flach klopfen. Fleischscheiben rundherum salzen und pfeffern.

2. Ricotta mit Semmelbröseln und Zitronenschale verrühren. 8 Basilikumblätter abreiben, fein hacken und untermischen. Auf jedes Fleischstück Ricottacreme streichen, dabei am Rand jeweils 1/2 cm frei lassen. Frühlingszwiebeln putzen, waschen und in 8 cm lange Streifen schneiden. Quer auf das Fleisch legen. Fleisch fest aufrollen, mit Holzstäbchen verschließen.

3. Röllchen im Öl in einer großen Pfanne bei starker Hitze in 5 Min. rundherum scharf anbraten, herausnehmen. Bratensatz mit Fond und Sahne ablöschen, bei starker Hitze 5 Min. offen einkochen lassen. Saucenbinder einrühren. Fleischröllchen einlegen und zugedeckt bei mittlerer Hitze 10 Min. schmoren. Salzen und pfeffern. Mit übrigem Basilikum garnieren.

Mexikanische Frikadellen

ZUTATEN FÜR 4 PORTIONEN
30 MIN.
40 g Chili-Tortilla-Chips | 1 Zwiebel | 100 g Mais (Dose) |
1 kleine rote Spitzpaprikaschote | 500 g gemischtes Hack-
fleisch | 1 Ei | 1 TL gemahlener Kreuzkümmel | Salz |
Pfeffer | 2 EL Olivenöl

Pro Portion ca. 480 kcal 29 g EW 25 g Fett 13 g KH

1. Die Tortilla-Chips in einen Gefrierbeutel füllen und zerbröseln, z. B. mit dem Nudelholz. Zwiebel schälen, fein würfeln.
Mais in einem Sieb abtropfen lassen. Spitzpaprika halbieren,
putzen, waschen und in kleine Würfel schneiden.

2. Hackfleisch, Ei, Zwiebel, Mais, Paprika und Tortilla-Brösel in
eine Schüssel geben und zu einem glatten Teig verkneten. Mit
Kreuzkümmel, Salz und Pfeffer kräftig würzen. Aus dem Teig
acht Frikadellen formen.

3. Das Öl in einer großen Pfanne erhitzen, die Frikadellen darin
bei mittlerer Hitze auf jeder Seite 4–5 Min. braten. Mit der
Tomaten-Salsa (Rezept unten) servieren.

mit Chili-Kick

Tomaten-Salsa

ZUTATEN FÜR 4 PORTIONEN
20 MIN.
500 g Tomaten | 1 Bund Frühlingszwiebeln | 1 frische rote
Chilischote | 1 Bio-Limette | 1 TL flüssiger Honig | 1 EL Oli-
venöl | 1/2 Bund Koriandergrün (ersatzweise Petersilie) |
Salz | Pfeffer

Pro Portion ca. 70 kcal 2 g EW 3 g Fett 7 g KH

1. Die Tomaten waschen, vom Stielansatz befreien, vierteln,
entkernen und sehr fein würfeln. Die Frühlingszwiebeln putzen, waschen und in feine Ringe schneiden. Die Chilischote
putzen, längs halbieren, entkernen und fein würfeln.

2. Tomaten, Frühlingszwiebeln und Chili mischen. Die Limette
heiß waschen und abtrocknen. Schale fein abreiben, den Saft
auspressen. Limettenschale mit 3 EL Saft , Honig und Olivenöl
unter die Tomaten mischen.

3. Koriandergrün waschen und trocken schütteln. Die Blätter
hacken und unter die Salsa heben. Salsa mit Salz und Pfeffer
abschmecken und zu den Frikadellen (Rezept oben) servieren.

frisch & feurig

Cevapcici

ZUTATEN FÜR 4 PORTIONEN
30 MIN.
2 Knoblauchzehen | 1/2 Bund Petersilie | 500 g Rinderhackfleisch | je 1 EL rosenscharfes und edelsüßes Paprikapulver | Salz | Pfeffer | 4 EL Semmelbrösel | 1 Ei | 2 EL Olivenöl

Pro Portion ca. 380 kcal 31 g EW 25 g Fett 1 g KH

1. Die Knoblauchzehen schälen und hacken. Petersilie waschen und trocken schütteln. Die Blätter fein hacken.

2. Rinderhack mit Knoblauch, Petersilie, beiden Paprikasorten, Salz, Pfeffer, Semmelbröseln und dem Ei in eine Schüssel geben und glatt verkneten. Aus der Masse zwölf gleich große, 10 cm lange Rollen formen, diese 5 Min. in den Kühlschrank legen.

3. Das Öl in einer Grillpfanne oder beschichteten Pfanne erhitzen. Die Hackröllchen hineingeben und bei mittlerer Hitze unter gelegentlichem Wenden 6–8 Min. braten. Oder die Röllchen mit Öl bepinseln und auf dem heißen Garten-Grill in 8–10 Min. rundherum grillen. Die Cevapcici mit dem Zaziki (Rezept unten) servieren.

Bärlauch-Zaziki

ZUTATEN FÜR 4 PORTIONEN
15 MIN.
250 g Magerquark | 150 g Sahnejoghurt | 1 EL Olivenöl | 1 EL Weißweinessig | Salz | Pfeffer | 1 Bio-Salatgurke (ca. 400 g) | 40 g Bärlauchblätter

Pro Portion ca. 130 kcal 10 g EW 7 g Fett 6 g KH

1. Quark mit Joghurt, Öl, Essig, Salz und Pfeffer glatt verrühren. Die Gurken waschen, putzen, streifig schälen und längs halbieren. Kerne herausschaben. Die Hälften auf der Rohkostreibe grob raspeln und unter den Joghurt-Quark mischen.

2. Den Bärlauch waschen und trocken schütteln. Die groben Stängel abknipsen. Die Blätter in feine Streifen schneiden und untermischen. Zaziki mit Salz und Pfeffer abschmecken, zu Cevapcici (Rezept oben) servieren.

Austausch-Tipp: Bärlauch gibt's nur von Ende März bis Mai. Im Sommer können Sie stattdessen mit 1/2 Bund fein geschnittenem Schnittlauch und 1 klein gehackten Knoblauchzehe den unverwechselbaren Knoblauch-Duft ins Zaziki zaubern.

fein im Frühling

beliebter Klassiker

Schweinefilet süß-sauer

ZUTATEN FÜR 4 PORTIONEN
35 MIN.

1 Bio-Salatgurke (ca. 400 g)
1 rote Paprikaschote
1 Dose stückige Ananas
(ca. 140 g Abtropfgewicht)
2 Zwiebeln | 1 Stück Ingwer (ca. 3 cm)
500 g Schweinefilet
2 EL süß-scharfe Chilisauce
4 EL Sojasauce | 2 EL Tomatenmark
3 EL Erdnuss- oder Rapsöl
Salz | Pfeffer

Pro Portion ca. 280 kcal 30 g EW
12 g Fett 13 g KH

1. Gurke waschen, putzen, streifig schälen und längs halbieren. Kerne herausschaben. Hälften quer in 1 cm breite Stücke schneiden. Paprika vierteln, entkernen, waschen und in 1 cm breite Streifen schneiden. Ananas auf einem Sieb abtropfen lassen, den Saft auffangen. Die Zwiebeln schälen und in Spalten schneiden. Den Ingwer schälen und fein hacken.

2. Filet trocken tupfen, einmal längs und quer halbieren und in dünne Scheiben schneiden. Ananassaft mit Tomatenmark , Chili- und Sojasauce verrühren.

3. Erst den Wok, dann darin 2 EL Öl erhitzen. Fleisch darin portionsweise in 3 Min. scharf anbraten, herausnehmen. Übriges Öl im Wok erhitzen. Zwiebeln, Gurke und Paprika darin 3 Min. bei starker Hitze braten. Ingwer kurz mitbraten. Würzsauce dazugießen, aufkochen und alles bei schwacher Hitze 2–3 Min. garen. Ananas zugeben, Fleisch einrühren und alles noch 5 Min. ziehen lassen. Mit Salz und Pfeffer würzen.

Hähnchen-Curry

ZUTATEN FÜR 4 PORTIONEN
45 MIN.
500 g Tomaten
300 g Süßkartoffeln (ersatzweise
festkochende Kartoffeln)
300 g Blumenkohl | 1 rote Zwiebel
1 Stück Ingwer (ca. 3 cm)
350 g Hähnchenbrustfilet
Salz | Pfeffer | 1 EL Öl
1–2 EL rote Currypaste (Asienregal)
250 ml Hühnerbrühe
200 ml ungesüßte Kokosmilch

Pro Portion ca. 325 kcal 24 g EW
14 g Fett 24 g KH

1. Die Tomaten waschen, vom Stielansatz befreien, vierteln, entkernen und in 2 cm große Würfel schneiden. Süßkartoffeln schälen und würfeln. Blumenkohl waschen, putzen und in Röschen teilen. Zwiebel und Ingwer schälen und fein würfeln. Hähnchenfilet waschen, trocken tupfen und in dünne Scheiben schneiden. Salzen und pfeffern.

2. Erst den Wok, dann darin das Öl erhitzen. Das Fleisch darin portionsweise in 2–3 Min. scharf anbraten, herausnehmen. Zwiebelwürfel im Wok anbraten, Ingwer und Gemüse bis auf die Tomaten dazugeben und 3 Min. mitbraten. Die Currypaste in den Wok geben und kurz anschwitzen. Brühe und Kokosmilch angießen und aufkochen. Alles bei mittlerer Hitze 10 Min. garen.

3. Das Fleisch und die Tomaten einrühren und alles noch 2–3 Min. ziehen lassen. Das Curry mit Salz und Pfeffer abschmecken.

Kräuter-Hähnchen mit Kartoffeln

ZUTATEN FÜR 4–6 PORTIONEN
50 MIN. + 1 STD. BRATEN IM OFEN
2 küchenfertige Hähnchen (à ca. 1 kg)
Salz | Pfeffer
4 Zweige Rosmarin
1 Bund Thymian
800 g kleine, festkochende Kartoffeln
2 EL Olivenöl
1 EL Fenchelsamen
300 ml Hühnerbrühe
2 EL Butter
1/2 Bund Petersilie (nach Belieben)
Küchengarn

Pro Portion (bei 6) ca. 565 kcal 52 g EW 31 g Fett 20 g KH

1. Die Hähnchen waschen, trocken tupfen und innen und außen mit Salz und Pfeffer würzen. Kräuter waschen und trocken schütteln. Je 1 Rosmarinzweig und 5–6 Thymianzweige in die Hähnchen stecken. Die Keulen mit Küchengarn zusammenbinden. Kartoffeln gründlich waschen, abtrocknen und ungeschält halbieren.

2. Den Backofen auf 200° (Umluft 180°) vorheizen. Einen Bräter auf dem Herd heiß werden lassen, das Öl darin erhitzen. Die Hähnchen im heißen Öl in 10 Min. rundherum goldbraun braten, dann herausnehmen.

3. Inzwischen die Fenchelsamen im Mörser zerstoßen und mit den restlichen Rosmarin- und Thymianzweigen in den Bräter geben. Kräuter im heißen Bratfett unter Wenden kurz anbraten. 150 ml Brühe angießen und aufkochen. Hähnchen mit der Brust nach unten in den Bräter legen. Kartoffeln drumherum legen. Alles im Ofen (2. Schiene von unten) 1 Std. offen braten. Übrige Brühe nach und nach dazugießen.

4. Hähnchen aus dem Bräter nehmen, Küchengarn entfernen. Hähnchen auf eine Platte legen, Kartoffeln und Kräuter drumherum legen. Im ausgeschalteten Ofen warm halten.

5. Den Bratenfond im Bräter mit einem Pfannenwender lösen, in einen Topf gießen und nach Belieben entfetten. Butter in Würfel schneiden und nach und nach unterschlagen. Sauce mit Salz und Pfeffer abschmecken und nochmals vorsichtig erwärmen. Nach Belieben Petersilie waschen und trocken schütteln. Die Blätter hacken und über Hähnchen und Kartoffeln streuen. Die Sauce extra dazu reichen.

Tuning-Tipp: Für eine zusätzliche Anisnote den Bratensatz vom Hähnchen mit 4 EL Pernod oder Raki (Anisschaps) ablöschen, kurz einkochen lassen, dann 250 ml Hühnerbrühe dazugießen.

Die besten Hähnchen leben frei

Hähnchen sollte man möglichst frisch kaufen – am besten aus biologischer Tierhaltung. Durch den Auslauf brauchen diese Hühner drei- bis viermal so lange, um das Gewicht von 700 bis 1200 g zu erreichen wie die aus Intensivmast. Zudem hat man bei Bio-Hähnchen eine Gewähr dafür, dass das Futtergetreide aus ökologischem Anbau stammt und kein Soja oder Mais aus genmanipulierten Pflanzen enthält. Wachstumsförderer sind verboten. Wenn Ihnen Bio zu teuer ist, sollten Sie auf Freilandhaltung achten – dem guten Geschmack zuliebe.

Diese Version läuft der traditionellen Roulade den Rang ab!
Ausgebratene Baconwürfel geben ihr mehr Würze als
die übliche Speckscheibe. Mit Zwiebeln, Paprika und Ajvar
bekommt sie ein pikantes Innenleben nach Balkan-Art.

Rindsrouladen mit Paprikafüllung

ZUTATEN FÜR 4 PORTIONEN
1 STD. + 1 STD 30 MIN. SCHMOREN
je 1 rote und gelbe Paprikaschote
3 kleine Zwiebeln
4 Stängel Oregano
8 dünne Rinderrouladen (à ca. 100 g)
Salz | Pfeffer
8 TL Ajvar (Glas)
100 g Bacon
2 EL Rapsöl
1 EL Tomatenmark
500 ml Fleischbrühe
Holzstäbchen oder Küchengarn

gut vor-
zubereiten

Pro Portion ca. 540 kcal 46 g EW 37 g Fett 5 g KH

1. Die Paprikaschoten vierteln, entkernen, waschen und in feine Streifen schneiden. 1 Zwiebel schälen und fein würfeln. Oregano waschen und trocken schütteln. Die Blätter hacken.

2. Die Rouladen salzen und pfeffern. Mit je 1 TL Ajvar bestreichen. Bacon würfeln und in einem Schmortopf in dem heißen Öl anbraten. Speck-stückchen aus dem Topf nehmen und auf die Rouladen verteilen. Mit Zwiebelwürfeln und Oregano bestreuen, Paprikastreifen quer darauflegen. Das Fleisch aufrollen und mit Holzstäbchen verschließen oder mit Küchengarn umwickeln.

3. Die Rouladen im heißen Speckfett ringsum bei starker Hitze 10 Min. anbraten. Die übrigen Zwiebeln schälen und in Spalten schneiden, dazugeben und 2 Min. anrösten. Das Tomatenmark unterrühren. Brühe angießen und kurz aufkochen. Rouladen zugedeckt bei schwacher Hitze 1 1/2 Std. schmoren, dabei öfters wenden.

4. Die Rouladen nach Ende der Garzeit aus dem Bräter nehmen und warm stellen. Die Sauce durch ein feines Sieb in einen anderen Topf streichen und bei mittlerer Hitze 5 Min. einkochen lassen. Rouladen mit der Sauce servieren.

Das schmeckt dazu: Salzkartoffeln oder Reis, unter den man 1 Bund gehackte Petersilie mischen kann.

Das steckt drin!

Vitamin B12 hilft bei der Bildung der roten Blutkörperchen und unterstützt das Wachstum der Zellen. Unser Körper braucht es nur in winzigen Mengen – den Tages-bedarf von 3 µg deckt man mit tierischen Lebensmitteln; pflanzliche spielen keine Rolle. Vitamin B12 wird von unserer Leber gespeichert. Wer sich ausgewogen ernährt, hat einen Vorrat für ungefähr zehn Jahre.

So viel Vitamin B12 steckt in 100 g:
Hering 8,5 µg
Rindfleisch 5,0 µg
Körnigem Frischkäse 2,0 µg

Geschmortes Gemüse-Huhn

ZUTATEN FÜR 4 PORTIONEN
30 MIN. + 30 MIN. SCHMOREN
4 Hähnchenkeulen (à ca. 300 g)
Salz | Pfeffer | 4 Zwiebeln
2 Knoblauchzehen
2 EL Rapsöl | 300 g Möhren
1 große Stange Lauch
1/2 Bund Thymian
250 ml Hühnerbrühe
250 g kleine Champignons
2 EL gehackte Petersilie
Küchengarn

Pro Portion ca. 495 kcal 45 g EW
22 g Fett 7 g KH

1. Keulen im Gelenk durchschneiden, waschen und trocken tupfen. Haut abziehen und evtl. für Brühe verwenden. Das Fleisch mit Salz und Pfeffer würzen. Zwiebeln schälen und in Spalten schneiden, Knoblauch schälen und hacken.

2. Keulen im Öl in 10–12 Min. hellbraun anbraten, dabei einmal wenden. Inzwischen Möhren putzen, schälen und schräg in 1/2 cm dünne Scheiben schneiden. Lauch putzen, längs aufschneiden, waschen und schräg in 1–2 cm dicke Scheiben schneiden. Thymian waschen und zu einem Sträußchen binden.

3. Fleisch aus dem Bräter heben. Zwiebeln, Knoblauch und Thymian im Bratfett unter Rühren 3 Min. andünsten. Keulen wieder zugeben. Brühe angießen und aufkochen. Keulen zugedeckt bei mittlerer Hitze 10 Min. schmoren, dann Möhren und Lauch unterheben und alles weitere 10 Min. schmoren. Inzwischen Champignons putzen, abreiben und im Bräter 8–10 Min. offen mitschmoren. Gemüse-Huhn mit Petersilie bestreut servieren.

festlicher Schmaus

Gänsekeulen aus dem Ofen

ZUTATEN FÜR 4 PORTIONEN
35 MIN. + 1 1/4 STD. SCHMOREN
4 Gänsekeulen (à 350–400 g)
Salz | Pfeffer
2 Petersilienwurzeln | 2 Möhren
2 Zwiebeln | 2 EL Rapsöl
3 Zweige Thymian | 2 Lorbeerblätter
2 EL Tomatenmark
200 ml Rotwein (ersatzweise Holunderbeersaft) | 500 ml Hühnerbrühe
1 EL dunkler Saucenbinder (nach Belieben)

Pro Portion ca. 820 kcal 57 g EW
60 g Fett 8 g KH

1. Keulen waschen und trocken tupfen. Die Haut mit einem scharfen Messer mehrfach kreuzförmig einritzen, aber nicht ins Fleisch schneiden. Die Keulen rundherum mit Salz und Pfeffer würzen. Petersilienwurzeln und Möhren putzen, schälen und in 1 cm große Würfel schneiden. Zwiebeln schälen und würfeln.

2. Backofen auf 190° (Umluft nicht empfehlenswert) vorheizen. Das Öl in einem Bräter erhitzen, Keulen darin bei starker Hitze rundherum 5–6 Min. anbraten. Herausnehmen und fast das ganze Fett abgießen. Gemüse, Thymian und Lorbeer in den Bräter geben und in 5 Min. kräftig anrösten. Tomatenmark und Wein dazugeben, einkochen lassen. Keulen mit der Haut nach oben in den Bräter legen, Brühe angießen. Im Ofen (2. Schiene von unten) 1 1/4 Std. offen schmoren, Keulen dabei zweimal wenden.

3. Keulen herausnehmen und warm halten. Sauce durch ein Sieb gießen, entfetten, salzen und pfeffern. Evtl. binden. Sauce mit den Keulen anrichten.

Ein großartiger Aroma-Knüller für den Herbst: Die Grundlage ist kräftig geschmortes Schweinegulasch, zu dem sich mit Paprika gewürztes Sauerkraut gesellt. Das Kühlende Tüpfelchen obendrauf: Crème fraîche, die alles sahnig-sauer vereint.

Rotes Sauerkraut-Gulasch

ZUTATEN FÜR 4 PORTIONEN
30 MIN. + 1 STD. 30 MIN. SCHMOREN

250 g Zwiebeln
600 g Schweinegulasch
2 EL Rapsöl
Salz | Pfeffer
50 g Paprika- oder Tomatenmark
300 ml Gemüsefond (Glas; ersatzweise Brühe)
500 g Sauerkraut
200 ml roter Gemüsesaft
1 TL edelsüßes Paprikapulver
1/2 TL rosenscharfes Paprikapulver
4 EL Crème fraîche

Pro Portion ca. 490 kcal 29 g EW 38 g Fett 5 g KH

1. Zwiebeln schälen und in schmale Spalten schneiden. Gulasch trocken tupfen. Das Öl in einem Bräter erhitzen und das Fleisch darin portionsweise bei mittlerer Hitze rundherum braun anbraten. Kräftig salzen und pfeffern und herausnehmen.

2. Zwiebeln im heißen Bratfett glasig dünsten. Fleisch und Paprika- oder Tomatenmark hinzufügen, kurz anbraten und mit 150 ml Gemüsefond ablöschen. Das Fleisch zugedeckt bei mittlerer Hitze 1 Std. schmoren. Nach und nach den übrigen Fond dazugießen.

3. Das Sauerkraut abtropfen lassen, gut ausdrücken und zerpflücken. Nach 1 Std. Garzeit mit dem Gemüsesaft und beiden Paprikasorten einrühren und noch 30 Min. mitschmoren. Gulasch mit Salz, Pfeffer und Paprikapulver abschmecken. Jede Portion mit 1 Klecks Crème fraîche und etwas Paprikapulver bestäubt anrichten.

Das schmeckt dazu: Cremiges Kartoffelpüree oder geröstetes Bauernbrot

Tuning-Tipp: Von 1/2 Bund Majoran die Blätter abzupfen und grob hacken. Vor dem Servieren untermischen.

Das steckt drin!

Milchsäure entsteht, wenn Weißkohl sauer und damit zu Sauerkraut wird. Dabei spielen Milchsäurebakterien eine bedeutende Rolle. Bei feuchten und sauerstoffarmen Bedingungen bauen sie Kohlenhydrate in festen Gemüsesorten wie Kohl, Rettich und Rote Bete zu Milchsäure ab und gewinnen dabei Energie zum Leben. Milchsaures Gemüse sorgt für eine gesunde Darmflora, die vor Krankheitserregern schützt und das Immunsystem stärkt. Giftstoffe werden abgebaut und der Cholesterinspiegel wird gesenkt.

Kalbsragout mit Gremolata

ZUTATEN FÜR 4–6 PORTIONEN
1 STD. + 40–50 MIN. SCHMOREN
750 g Kalbfleisch ohne Knochen (z. B. Schulter)
Pfeffer
300 g Schalotten
300 g Möhren
200 g Staudensellerie
2 EL Olivenöl
2 EL Tomatenmark
125 ml trockener Weißwein oder Hühnerbrühe
400 ml Kalbsfond (Glas)
1 Bund Petersilie
2 Knoblauchzehen
1 Bio-Zitrone
Salz

toll für Gäste

Pro Portion (bei 6) ca. 740 kcal 26 g EW 10 g Fett 6 g KH

1. Fleisch waschen, trocken tupfen und in Würfel schneiden, die Fleischwürfel pfeffern. Die Schalotten schälen, größere halbieren. Möhren putzen und schälen. Sellerie waschen und putzen. Sellerie und Möhren in Scheiben schneiden.

2. Das Öl in einem Schmortopf erhitzen, das Fleisch darin portionsweise bei starker Hitze in 5 Min. braun anbraten, herausnehmen. Schalotten, Möhren und Sellerie in den Topf geben und bei mittlerer Hitze 3 Min. anbraten. Tomatenmark einrühren und 1–2 Min. anschwitzen. Wein oder Brühe dazugießen, den Bratensatz damit lösen und die Flüssigkeit bei starker Hitze einkochen lassen. Den Fond und das Fleisch in den Topf geben und alles zugedeckt 40–50 Min. bei schwacher Hitze schmoren.

3. Für die Gremolata die Petersilie waschen und trocken schütteln. Die Blätter hacken. Knoblauch schälen und fein hacken. Die Zitrone heiß waschen und abtrocknen. Die Schale hauchdünn abschneiden und fein würfeln. Zitronenschale mit Petersilie und Knoblauch mischen und beiseitestellen.

4. Das Ragout offen noch 5 Min. sämig einkochen lassen und mit Salz und Pfeffer abschmecken. Ragout mit der Gremolata bestreut servieren.

Das schmeckt dazu: Bandnudeln, Reis oder Salzkartoffeln

Tipp: Statt im Schmortopf auf dem Herd können Sie das Ragout auch zugedeckt im Ofen bei 180° (Mitte; Umluft 160°) 45 Min. schmoren – ideal für viele Gäste.

Geschnetzeltes Züricher Art

ZUTATEN FÜR 4 PORTIONEN
45 MIN.
600 g Schweinefilet
Pfeffer | 1 TL edelsüßes Paprikapulver
2 Zwiebeln
500 g Champignons
4 EL Rapsöl
1 EL Butter
125 ml trockener Weißwein oder Gemüsebrühe
400 g Sahne | Salz
1/2 Bund Petersilie
1 TL abgeriebene Bio-Zitronenschale

Pro Portion ca. 640 kcal 38 g EW 49 g Fett 6 g KH

1. Das Fleisch trocken tupfen, einmal längs halbieren und in 1/2 cm dicke Streifen schneiden. Mit Pfeffer und Paprikapulver würzen. Die Zwiebeln schälen und fein würfeln. Champignons putzen, abreiben und in Scheiben schneiden.

2. In einer großen schweren Pfanne 2 EL Öl erhitzen, die Hälfte der Fleischstreifen darin bei starker Hitze unter Rühren 3 Min. von beiden Seiten kurz anbraten. Mit einer Schaumkelle herausheben und auf ein Sieb geben, den Bratensaft auffangen. Die zweite Fleischportion mit dem übrigen Öl genauso braten und zur ersten Fleischportion geben.

3. Die Butter in der Pfanne schmelzen, die Zwiebeln und Champignons darin unter Rühren in 3 Min. goldbraun braten. Wein oder Brühe zugeben, bei mittlerer Hitze 5 Min. einkochen lassen. Sahne dazugeben und die Sauce in 5–7 Min. cremig einkochen lassen.

4. Fleisch samt dem Bratensaft einrühren und 2–3 Min. in der Sauce ziehen lassen. Geschnetzeltes mit Salz und Pfeffer abschmecken. Petersilie waschen und trocken schütteln. Die Blätter hacken und mit der Zitronenschale untermischen. Geschnetzeltes sofort servieren.

Das schmeckt dazu: Rösti (Rezept Seite 156 oder TK-Rösti im Ofen knusprig braten) oder Spätzle (Rezept Seite 143) und grüner Salat

Tuning-Tipp: Original Züricher Geschnetzeltes ist eine berühmte Spezialität aus der Schweiz. Dafür wird in feine Streifen geschnittenes Kalbfleisch aus der Oberschale verwendet. Die Champignons weglassen, dafür 200 g mehr Fleisch nehmen.

heiß geliebter Klassiker

Kotelettbraten mit Äpfeln

ZUTATEN FÜR 4–6 PORTIONEN
30 MIN. + 1 STD. 30 MIN. BRATEN
1,7 kg Kotelettbraten vom Schwein
mit Knochen
Salz | Pfeffer | 6 Zwiebeln
2 EL Rapsöl
250 ml trockener Cidre oder
ungesüßter Apfelsaft
250 ml Fleischbrühe
1 Bund Majoran (ersatzweise
1 EL getrockneter)
4 säuerliche Äpfel (z. B. Boskop)

Pro Portion (bei 6) ca. 470 kcal
50 g EW 17 g Fett 12 g KH

1. Das Fleisch rundherum mit Salz und Pfeffer würzen. Zwiebeln schälen und in Spalten schneiden. Den Backofen auf 160° (Umluft 140°) vorheizen.

2. In einem Bräter 2 EL Öl erhitzen, das Fleisch darin in 10 Min. rundherum braun anbraten. Zwiebeln dazugeben und 2–3 Min. mitbraten. Cidre oder Saft und Brühe dazugießen. Majoran waschen und trocken schütteln. Die Blätter bis auf einen kleinen Rest abzupfen und untermischen. Fleisch im Ofen (2. Schiene von unten) 80–90 Min. garen, dabei öfters mit Bratsud begießen. Inzwischen die Äpfel schälen, vierteln, entkernen und in dicke Spalten schneiden. Nach 1 Std. Bratzeit um das Fleisch verteilen und bis zum Schluss mitgaren.

3. Den fertigen Braten aus dem Bräter nehmen und in Alufolie wickeln, 10 Min. ruhen lassen. Übrigen Majoran von den Stängeln zupfen und in den Bratensaft rühren. Den Braten in Koteletts schneiden und mit der Zwiebel-Apfel-Mischung und Bratensaft servieren.

mit Knusper-Kruste

Schweinebraten mit Biersauce

ZUTATEN FÜR 4–6 PORTIONEN
40 MIN. + 2 STD. 25 MIN. BRATEN

**1,5 kg Schweineschulter mit
Schwarte (vom Metzger rautenförmig einschneiden lassen)**
Salz | Pfeffer | 1 TL Kümmel
2 EL Rapsöl | 2 Zwiebeln
500 g Suppengemüse
250 ml alkoholfreies Weizenbier
450 ml Fleischbrühe
1 EL Zuckerrübensirup
1 EL dunkler Saucenbinder

Pro Portion (bei 6) ca. 940 kcal
66 g EW 69 g Fett 12 g KH

1. Fleisch trocken tupfen und rundherum mit Salz, Pfeffer und Kümmel einreiben. Ofen auf 200° (Umluft 180°) vorheizen. Fleisch im Öl in einem Bräter
rundherum in 5–6 Min. kräftig anbraten. Dann mit der Schwarte nach unten
in den Bräter legen und 200 ml Wasser zugießen. Fleisch im Ofen (2. Schiene
von unten) zunächst knapp 10 Min. braten, wenden und weitere 5 Min. im Ofen
garen. Inzwischen Zwiebeln schälen und würfeln. Suppengemüse waschen
bzw. schälen, putzen und würfeln. Alles nach 15 Min. Garzeit zum Fleisch geben
und 30 Min. mitbraten. Dann das Fleisch mit 150 ml Bier und 300 ml Brühe
begießen und 1 1/2 Std. weiterbraten, dabei öfters mit Bratsud begießen.

2. Dann übriges Bier mit Sirup glatt rühren. Fleisch damit bestreichen und noch
weitere 10 Min. garen. Braten aus dem Sud nehmen und 5 Min. ruhen lassen.
Gemüse samt übriger Brühe und Bratsud durch ein Sieb in einen Topf passieren. Saucenbinder einrühren, Sauce unter Rühren aufkochen und abschmecken. Braten in Scheiben schneiden und mit der Sauce servieren.

Kräuter-Roastbeef

gäste-fein

ZUTATEN FÜR 6 PORTIONEN
25 MIN. + 2 STD. 30 MIN. GAREN
1,2 kg Roastbeef (ohne Fett und Sehnen) | Salz | Pfeffer |
2 EL Rapsöl | 1/2 Bund Thymian | 1 Zweig Rosmarin |
3 Stängel Petersilie | 6 Basilikumblätter | 2 Knoblauch-
zehen | 4 TL mittelscharfer Senf | 4 EL Olivenöl

Pro Portion ca. 380 kcal 45 g EW 21 g Fett 1 g KH

1. Den Backofen auf 80° (Umluft nicht geeignet!) vorheizen.
Roastbeef trocken tupfen und rundherum kräftig mit Salz und
Pfeffer würzen. Das Öl in einer Pfanne erhitzen, Fleisch darin
bei mittlerer Hitze in 5 Min. rundherum braun anbraten. Auf
ein Backblech legen und im Ofen (Mitte) in insgesamt
2 Std. 30 Min. rosa braten, dabei nach 75 Min. wenden.

2. Inzwischen die Kräuter waschen und trocken schütteln. Die
Nadeln bzw. Blättchen fein hacken. Knoblauch schälen und dazupressen, alles mit Senf und Olivenöl verrühren. 30 Min. vor
Ende der Garzeit das Fleisch gleichmäßig mit der Kräuterpaste
einstreichen, im Ofen fertig garen. Den Braten in Scheiben
aufschneiden, mit Pfeffer und Salz würzen. Mit der Remoulade
(Rezept unten) servieren.

Radieschen-Remoulade

ZUTATEN FÜR 6 PORTIONEN
20 MIN.
200 g Mayonnaise | 200 g Joghurt | 1 EL Zitronensaft | Salz |
Pfeffer | 10 Radieschen | 4 Frühlingszwiebeln | 1 kleiner
säuerlicher Apfel | 2 Cornichons | 1 Bund Schnittlauch

Pro Portion ca. 280 kcal 2 g EW 28 g Fett 6 g KH

1. Die Mayonnaise mit dem Joghurt und dem Zitronensaft
verrühren, salzen und pfeffern.

2. Die Radieschen putzen, waschen und sehr fein würfeln. Die
Frühlingszwiebeln putzen, waschen und in feine Ringe schneiden. Den Apfel waschen, vierteln, entkernen und fein würfeln. Gürkchen ebenfalls fein würfeln. Schnittlauch waschen,
trocken schütteln und in Röllchen schneiden.

3. Die vorbereiteten Zutaten unter die Joghurt-Mayonnaise
mischen. Remoulade salzen und pfeffern und zum Kräuter-
Roastbeef (Rezept oben) servieren.

Das schmeckt auch dazu: Kalter Braten oder gebackener
Fisch und Rosmarin-Röstkartoffeln (Rezept rechts)

würzig frisch

türkisch inspiriert

Lammkeule mit Joghurtkruste

ZUTATEN FÜR 6 PORTIONEN
1 STD. + 2 STD. 15 MIN. BRATEN
1 Lammkeule (ca. 1,8 kg; ohne Knochen, Fett und Sehnen) |
Salz | Pfeffer | 6 EL Olivenöl | 400 ml Lammfond (Glas;
ersatzweise Fleischbrühe) | 500 g Eiertomaten |
1 Aubergine | 2 kleine Zucchini | 1 Bund Petersilie |
2 Knoblauchzehen | abgeriebene Schale von 1 Bio-Zitrone |
2 EL Semmelbrösel | 150 g Sahnejoghurt

Pro Portion ca. 890 kcal 58 g EW 69 g Fett 7 g KH

1. Backofen auf 180° (Umluft 160°) vorheizen. Die Keule
waschen, trocken tupfen, salzen und pfeffern. Das Fleisch in
4 EL Olivenöl in einem großen Bräter bei starker Hitze rundherum in 10 Min. braun anbraten. Fond angießen. Keule im Ofen
(2. Schiene von unten) zunächst 1 Std. 45 Min. braten, dabei
nach und nach 250 ml Wasser zugießen und das Fleisch ab
und zu mit dem Fond begießen.

2. Inzwischen die Tomaten überbrühen, abschrecken, häuten
und halbieren. Stielansatz und Kerne entfernen. Aubergine
und Zucchini waschen und putzen. Aubergine längs vierteln,
Zucchini längs halbieren, beides in Scheiben schneiden. Petersilie waschen und trocken schütteln. Die Blätter fein hacken.
Knoblauch schälen und fein würfeln. Petersilie mit Knoblauch,
Zitronenschale, Semmelbröseln, Joghurt und übrigem Öl zu
einer Paste verrühren.

3. Nach 1 Std. 45 Min. die Ofentemperatur auf 200° (Umluft
180°) erhöhen. Fleisch aus dem Bräter nehmen. Das vorbereitete Gemüse hineingeben und im Fond wenden. Den Braten
dick mit der Joghurtpaste bestreichen und auf das Gemüse
legen. Im Ofen (2. Schiene von unten) in 30 Min. knusprig
braten. Die gegarte Keule aus dem Ofen nehmen, 10 Min.
ruhen lassen, dann in Scheiben schneiden. Gemüse und Fond
inzwischen im abgeschalteten Ofen ruhen lassen, dann mit
dem Braten anrichten. Die Rosmarin-Röstkartoffeln (Rezept
unten) dazu servieren.

Das schmeckt dazu: Rosmarin-Röstkartoffeln passen zur
Lammkeule ebenso gut wie zum Roastbeef. Für 6 Portionen
1,2 kg kleine, festkochende Kartoffeln in der Schale in 20 Min.
gar kochen, heiß pellen und abkühlen lassen. In 5 EL Olivenöl
in 10 Min. goldbraun braten. 1/2 TL grobes Meersalz und 1 EL
Rosmarinnadeln zufügen, alles gut vermischen und weitere
1−2 Min. braten, dann servieren.

Süßes

Ob beerenstark oder erste Sahne, eiskalt oder ofenheiß – zum süßen Schluss heißt es: schwelgen und sich's gut gehen lassen!

Blitzrezepte

aus dem Vorrat

Heidelbeer-Quarkcreme

ZUTATEN FÜR 4 PORTIONEN
20 MIN.
250 g Quark (20 %) | 150 g Zitronenjoghurt, am besten mit Buttermilch (Kühlregal) | 50 g Zucker | abgeriebene Schale von 1/2 Bio-Zitrone | 200 g Sahne | 250 g Heidelbeeren

Pro Portion ca. 340 kcal 10 g EW 22 g Fett 24 g KH

1. Den Quark mit dem Zitronenjoghurt und dem Zucker cremig verrühren. Mit der Zitronenschale würzen.

2. Die Sahne steif schlagen und unterheben. Die Heidelbeeren kurz abbrausen, verlesen und trocken tupfen. Ein Drittel der Beeren abnehmen und beiseitestellen, die übrigen Beeren locker unter die Quarksahne heben.

3. Das Heidelbeer-Dessert in Gläser füllen. Mit den übrigen Heidelbeeren garnieren und servieren.

Speed-Tipp: Sie können das Dessert auch mit TK-Heidelbeeren zubereiten – diese einfach gefroren unter die Creme heben.

Erdbeer-Joghurt-Sorbet

ZUTATEN FÜR 4 PORTIONEN
15 MIN. + 30 MIN. GEFRIEREN
400 g Sahnejoghurt | 3 EL Puderzucker | 2 EL Orangensaft | 300 g TK-Erdbeeren | 4 Eistüten

Pro Portion ca. 330 kcal 5 g EW 18 g Fett 37 g KH

1. Den Joghurt mit dem Puderzucker und dem Orangensaft verrühren. Mit den gefrorenen Erdbeeren im Mixer oder in einem hohen Becher mit dem Pürierstab fein pürieren, bis ein cremiges Sorbet entstanden ist.

2. Sorbet in eine vorgekühlte Schale füllen und im Gefrierfach noch 30 Min. gefrieren lassen. Mit einem Eisportionierer Kugeln abstechen und in Eistüten setzen. Sorbet in der Tüte sofort servieren.

Austausch-Tipp: Auch andere gefrorene Früchte wie Himbeeren, Brombeeren, Heidelbeeren oder Sauerkirschen eignen sich für das blitzschnelle Eis.

sahnig frisch

heiß auf Eis!

Birne Helene

ZUTATEN FÜR 4 PORTIONEN
25 MIN.

4 reife Birnen (à ca. 150 g) | 2 EL Zitronensaft |
3 EL Zucker | 1 Pck. Bourbon-Vanillezucker |
200 g Sahne | 150 g Zartbitterschokolade | 1 Prise
Zimtpulver | 4 Kugeln Pistazien- oder Vanilleeis

Pro Portion ca. 600 kcal 5 g EW 36 g Fett 52 g KH

1. Die Birnen vierteln, entkernen und schälen. 300 ml Wasser mit Zitronensaft, Zucker und Vanillezucker in einen Topf
geben und bei schwacher Hitze 5 Min. kochen lassen.

2. Die Birnenstücke in den Sud einlegen und bei mittlerer
Hitze zugedeckt 5 Min. dünsten, dann vom Herd nehmen.
Inzwischen die Sahne erhitzen und die Schokolade hacken.
100 g gehackte Schokolade unter Rühren in der heißen
Sahne auflösen. Sauce mit Zimt würzen.

3. Birnen mit einer Schaumkelle aus dem Sud heben. Mit
je 1 Kugel Eis und der heißen Schokoladensauce anrichten.
Das Birnendessert mit übriger Schokolade bestreuen und
sofort servieren.

Ricotta-Feigen-Törtchen

ZUTATEN FÜR 8 STÜCK
20 MIN.

6 frische Feigen | 250 g Ricotta | 2 Pck. Bourbon-
Vanillezucker | 2 EL Orangensaft | 8 Mürbeteig-
Torteletts (8 cm Ø) | 2 EL cremige Himbeerkonfitüre |
Minzeblätter zum Garnieren

Pro Portion ca. 285 kcal 8 g EW 13 g Fett 32 g KH

1. Die Feigen waschen, trocken tupfen, längs halbieren und
in dünne Scheiben schneiden. Ricotta mit Vanillezucker und
Orangensaft verrühren, auf die Torteletts verteilen und flach
streichen.

2. Die Feigenscheiben leicht überlappend drauflegen. Die
Konfitüre in einen Gefrierbeutel füllen. Eine kleine Ecke abschneiden und die Konfitüre graffitiartig auf den Torteletts
verteilen. Törtchen mit Minze garniert servieren.

Austausch-Tipp: Für die »Großen« darf es für die Ricottacreme statt Orangensaft auch mal weißer Portwein oder
Orangenlikör sein. Orangensaft am besten frisch pressen.

fein im Herbst

Obstsalat mit Honig-Joghurt

ZUTATEN FÜR 4 PORTIONEN
20 MIN.
4 EL Zitronensaft | 3 EL flüssiger Honig
2 Bananen | 2 säuerliche rote Äpfel
2 Orangen | 2 Kiwis
150 g blaue Weintrauben
und/oder Erdbeeren (je nach Jahreszeit)
300 g Joghurt

Pro Portion ca. 260 kcal 5 g EW 4 g Fett 50 g KH

Vitamine für jeden Tag

1. Zitronensaft und 1 EL Honig in einer Schüssel verrühren. Bananen schälen, schräg in Scheiben schneiden und in die Schüssel geben. Äpfel waschen, abtrocknen, längs vierteln, entkernen und quer in Stücke schneiden. Mit den Bananen im Zitronensaft wenden.

2. Orangen samt der weißen Haut schälen, vierteln und in 1/2 cm dicke Scheiben schneiden oder in Filets teilen. Kiwis schälen, halbieren und in Scheiben schneiden. Trauben waschen und halbieren. Erdbeeren waschen und entkelchen. Alles vorsichtig in der Marinade wenden. Joghurt verrühren, mit dem übrigen Honig beträufeln und zum Obstsalat servieren.

Mitnahme-Tipp: Obstsalat in eine verschließbare Frischhaltebox füllen – eine gesunde Mahlzeit für Schule oder Büro! Den Joghurt in einer Extra-Dose transportieren.

Ananas-Erdbeer-Salat mit Basilikum

ZUTATEN FÜR 4 PORTIONEN
20 MIN.
500 g Erdbeeren | 1/2 reife Ananas (ca. 600 g)
4 Stängel Basilikum
3 EL Limettensaft
2 EL flüssiger Honig

Pro Portion ca. 250 kcal 3 g EW 19 g Fett 15 g KH

1. Erdbeeren waschen, entkelchen und vierteln. Die Ananashälfte längs dritteln und schälen. Das Fruchtfleisch vom Strunk befreien und in 3 mm dünne Scheiben schneiden. Basilikumblätter abzupfen, abreiben und bis auf einen kleinen Rest in feine Streifen schneiden.

2. Limettensaft und Honig verquirlen, Basilikum untermischen. Ananas und Erdbeeren in der Marinade wenden, auf Schälchen verteilen und mit übrigem Basilikum garniert servieren.

schnell gezaubert

Obstsalat – Dessert oder gesunde Zwischenmahlzeit

Ob Beeren, Südfrüchte oder Schalenobst, ob süß oder säuerlich – die Auswahl für einen Obstsalat ist natürlich Geschmackssache. Wählen Sie immer Früchte der Saison – die schmecken aromatischer. Wer auf einen hohen Vitamin-C-Gehalt Wert legt, sollte zu Zitrusfrüchten wie Orange und Grapefruit oder zu Kiwi greifen. Um Äpfel und Bananen vor brauner Verfärbung zu schützen, werden sie sofort nach dem Schneiden in Zitronensaft gewendet. Obstsalat möglichst rasch essen oder im Kühlschrank im Gemüsefach aufbewahren – da bleiben die meisten Vitamine erhalten.

Fertiger Obstsalat aus dem Supermarkt ist eine gute Alternative, wenn es schnell gehen muss. Das Obst wird meist mundgerecht geschnitten in Klarsichtboxen angeboten. Damit die Frische stimmt, sollten Sie einen Obstsnack nur dort einkaufen, wo ausreichend gekühlt wird: 2–6° in der Kühltheke sind optimal. Dann haben Keime kaum eine Chance, sich rasch zu vermehren.

Rote Grütze mit weißer Schoko-Sauce

ZUTATEN FÜR 4 PORTIONEN
25 MIN. + 2 STD. KÜHLEN
750 g gemischte Beeren (z. B. Erdbeeren, Johannisbeeren, Himbeeren, Heidelbeeren; ersatzweise gemischte TK-Beeren)
500 ml roter Saft (z. B. Kirschsaft)
3 EL Speisestärke | 50 g Zucker
abgeriebene Schale von 1 kleinen Bio-Zitrone
100 g weiße Schokolade | je 125 g Milch und Sahne

Pro Portion ca. 460 kcal 5 g EW 19 g Fett 68 g KH

1. Die Beeren kurz abbrausen, verlesen und trocken tupfen. Johannisbeeren von den Rispen streifen, Erdbeeren entkelchen, größere Beeren halbieren.

2. 5 EL Saft mit der Stärke verquirlen. Übrigen Saft mit Zucker, Zitronenschale und den Beeren in einem großen Topf langsam aufkochen. Die angerührte Stärke unterrühren und alles unter Rühren 2–3 Min. kochen, bis die Fruchtmasse dicklich ist. Grütze vom Herd nehmen, in eine kalt ausgespülte Schüssel füllen, etwas abkühlen lassen, dann 2 Std. kalt stellen.

3. Für die Sauce die Schokolade hacken. Milch und Sahne erhitzen, Schokolade darin unter Rühren schmelzen lassen. Sauce abkühlen lassen und zu der Grütze servieren.

Das schmeckt auch dazu: Vanillesauce (Rezept Seite 225, Tipp), Milch, Vanilleeis, flüssige oder geschlagene Sahne oder auch Sahnejoghurt

Rhabarberkompott mit Baiser-Sahne

ZUTATEN FÜR 4 PORTIONEN
20 MIN. + 2 STD. KÜHLEN
700 g Rhabarber | 75 g Zucker
200 ml Apfelsaft
1 hauchdünnes Stück Bio-Zitronenschale (2–3 cm)
1 EL Speisestärke | 250 g Sahne
2 TL Bourbon-Vanillezucker
40 g Baiser

Pro Portion ca. 290 kcal 2 g EW 20 g Fett 23 g KH

1. Den Rhabarber waschen, putzen und in 2 cm große Stücke schneiden. Mit Zucker, Apfelsaft und Zitronenschale in einen Topf geben, aufkochen und zugedeckt bei schwacher Hitze 3–5 Min. dünsten. 3 EL Wasser mit der Stärke verquirlen und unterrühren. Alles unter Rühren kochen, bis die Fruchtmasse dicklich ist. Kompott vom Herd nehmen, in eine kalt ausgespülte Schüssel füllen, etwas abkühlen lassen, dann 2 Std. kalt stellen.

2. Vor dem Servieren die Sahne mit dem Vanillezucker steif schlagen. Baiser grob hacken und unterheben. Kompott in Dessertschalen mit der Baiser-Sahne anrichten.

Apfelmus, sonst eher schlichte Beigabe zu Puffern und Crêpes, hat sich hier mal feingemacht und verführt alle Süßschnäbel: geschichtet mit goldbraunem Mandelkrokant, sahnigem Vanillequark und viel geriebener Schokolade obendrauf.

Apfeltraum mit Karamellmandeln

ZUTATEN FÜR 6 PORTIONEN
1 STD. + 30 MIN. KÜHLEN
1 kg säuerliche Äpfel (z. B. Berlepsch, Elstar)
150 g Zucker
2 EL Zitronensaft
100 g gehobelte Mandeln
100 g Zartbitter-Schokolade
125 g Sahne
250 g Magerquark
2 Päckchen Bourbon-Vanillezucker

gäste-fein

Pro Portion ca. 480 kcal 10 g EW 28 g Fett 47 g KH

1. Die Äpfel waschen, Blütenansatz und Stiel entfernen. Äpfel grob zerteilen und mit 75 g Zucker in einen Topf geben, mit dem Zitronensaft beträufeln. Äpfel langsam aufkochen und zugedeckt bei schwacher Hitze 20–25 Min. dünsten, bis sie weich sind.

2. Dann die Äpfel mit einem Stößel durch ein Sieb in eine Schüssel streichen oder durch die »Flotte Lotte« passieren. Apfelmus mindestens 30 Min. abkühlen lassen.

3. Inzwischen den übrigen Zucker in einer Pfanne schmelzen lassen, die Mandeln dazugeben und unter Rühren rösten, bis sie rundherum von einem goldbraunen Karamell überzogen sind. Vorsicht, der Karamell kann schnell bitter werden! Den Mandelkaramell auf dem Apfelmus verteilen.

4. Die Schokolade mit einem Sparschäler in kleine Flöckchen raspeln. Die Sahne steif schlagen. Den Quark mit dem Vanillezucker cremig rühren, die Sahne unterheben. Quarksahne wolkig auf die Mandelschicht häufen. Dessert mit den Schokoladenraspeln bestreut servieren.

Speed-Tipp: Statt Mandelkaramell 200 g grob gehackte Cantuccini (italienische Mandelkekse) verwenden.

Apfelmus – selbst gekocht ein Schatz im Vorratsschrank

Apfelmus ist schnell gekocht: Die Äpfel (gut geeignet sind Sorten wie Gravensteiner, Berlepsch und Elstar) klein schneiden und nur Stiel und Stielansatz entfernen. Äpfel samt Schale und Kerngehäuse kochen lassen. Das darin sitzende Pektin, ein löslicher Ballaststoff, macht das Apfelmus schön sämig. Und hat obendrein noch einen positiven Effekt: Es senkt den Cholesterinspiegel und reguliert die Verdauung.

Am besten gleich eine größere Menge Apfelmus kochen und portionsweise in Gefrierboxen oder -beuteln einfrieren oder in Gläsern im Einkochtopf oder im Ofen im Wasserbad einmachen.

raffiniert
sahnig

Mohn-Panna cotta mit Himbeeren

ZUTATEN FÜR 4 PORTIONEN
20 MIN. + 3–12 STD. KÜHLEN
4 Blätter weiße Gelatine
1 Vanilleschote
500 g Sahne
50 g Zucker
2 EL gemahlener Mohn
250 g Himbeeren
2 EL flüssiger Honig
2 EL Limettensaft
Minzeblätter zum Garnieren

Pro Portion ca. 520 kcal 7 g EW
42 g Fett 28 g KH

1. Die Gelatine in kaltem Wasser einweichen. Die Vanilleschote aufschlitzen, das Mark herauskratzen und mit Sahne, Zucker und Mohn in einem Topf verrühren und aufkochen.

2. Sahnemischung vom Herd nehmen, Gelatine ausdrücken und in der heißen Flüssigkeit auflösen. Die Masse in vier Förmchen (à ca. 150 ml Inhalt) oder Gläser füllen und abgedeckt mindestens 3 Std., besser über Nacht kalt stellen.

3. Vor dem Servieren die Himbeeren kurz abbrausen, verlesen und trocken tupfen. Mit Honig und Limettensaft beträufeln. Zwei Drittel der Himbeeren im Mixer oder in einem hohen Becher mit dem Pürierstab fein pürieren. Panna cotta nach Belieben aus den Förmchen stürzen. Mit dem Himbeerpüree servieren, mit den übrigen Himbeeren und den Minzeblättern garnieren.

Mousse au chocolat

ZUTATEN FÜR 6 PORTIONEN
30 MIN. + 2–12 STD. KÜHLEN
200 g Zartbitter-Schokolade
2 TL Kakaopulver
oder lösliches Kaffeepulver
5 ganz frische Eier (Größe M)
Salz
3 EL Zucker
1 EL Bourbon-Vanillezucker
200 g Sahne
50 g weiße Kuvertüre zum Garnieren

Pro Portion ca. 430 kcal 10 g EW
32 g Fett 26 g KH

1. Die Schokolade mit einem großen Messer hacken. Mit dem Kakao- oder Kaffeepulver und 6 EL Wasser in eine Edelstahlschüssel geben und über einem heißen Wasserbad unter gelegentlichem Rühren schmelzen lassen. Flüssige Schokolade vom Herd nehmen und lauwarm abkühlen lassen.

2. Die Eier trennen. Eiweiße mit 1 Prise Salz steif schlagen. Eigelbe mit Zucker und Vanillezucker mit den Quirlen des Handrührgeräts cremig rühren. Die Sahne steif schlagen.

3. Die flüssige Schokolade nach und nach unter die Eiercreme rühren. Erst die Sahne, dann den Eischnee behutsam unterziehen. Mousse in Dessertschalen, -becher oder eine Schüssel füllen und mindestens 2 Std., besser über Nacht in den Kühlschrank stellen. Vor dem Servieren die Kuvertüre mit einem Sparschäler in kleine Flöckchen raspeln. Mousse damit bestreut servieren.

Bananen-Cassis-Eis

ZUTATEN FÜR CA. 500 ML
20 MIN. + 30–40 MIN. ODER 5–6 STD. GEFRIEREN
120 g schwarze Johannisbeeren | 50 g Zucker |
2 EL Limettensaft | 2 reife Bananen | 100 g Sahne-
joghurt | 200 g Sahne | Bananen-Chips und Minze-
blätter zum Garnieren

Pro Portion (bei 6) ca. 200 kcal 2 g EW 12 g Fett 21 g KH

1. Johannisbeeren abbrausen, mit einer Gabel von den
Rispen streifen und verlesen. Zucker mit 6 EL Wasser unter ständigem Rühren erhitzen, bis er sich aufgelöst hat.
Sirup vom Herd nehmen, Johannisbeeren und Limettensaft untermischen. Alles auskühlen lassen.

2. Bananen schälen und mit Joghurt, Sirup und Beeren
fein pürieren. Sahne zufügen und untermixen. Masse
in der Eismaschine in 30–40 Min. cremig-fest gefrieren
lassen oder für 5–6 Std. ins Gefriergerät stellen und alle
30 Min. umrühren. Das Eis schaben oder Kugeln daraus
formen und in Dessertschalen servieren. Bananen-Chips
hacken und mit den Minzeblättern aufstreuen.

Buttermilch-Melonen-Eis

ZUTATEN FÜR CA. 700 ML
20 MIN. + 30–40 MIN. ODER 5–6 STD. GEFRIEREN
800 g Wassermelone | 100 g Himbeeren |
100 ml Melonensirup | 3–4 EL Zitronensaft |
150 g Buttermilch | 200 g Sahne

Pro Portion (bei 6) ca. 200 kcal 3 g EW 11 g Fett 22 g KH

1. Wassermelone entkernen, Fruchtfleisch mit einem
Kugelausstecher ausstechen oder klein schneiden. Himbeeren abbrausen, verlesen und trocken tupfen. Melonen
und Himbeeren mit Sirup und Zitronensaft vorsichtig
mischen. 400 g davon fein pürieren. Übrige Früchte kalt
stellen.

2. Fruchtpüree mit der Buttermilch glatt rühren. Sahne
steif schlagen und unterheben. Masse in der Eismaschine
in 30–40 Min. gefrieren lassen. Oder für 5–6 Std. ins
Gefriergerät stellen und alle 30 Min. umrühren.

3. Aus dem Eis mit einem Eisportionierer Kugeln formen
und in Glasschalen mit dem übrigen Obst anrichten.

Grundrezept süße Pfannkuchen

ZUTATEN FÜR 8 STÜCK
5 MIN. + 30 MIN. RUHEN + 20–30 MIN. BACKEN
200 g Mehl | 2 EL Zucker | Salz | 3 Eier (Größe M) |
500 ml Milch | 8 TL Öl zum Backen

Pro Portion ca. 220 kcal 7 g EW 11 g Fett 25 g KH

1. Mehl und Zucker mit 1 Prise Salz mischen. Nach und nach Eier und Milch mit den Quirlen des Handrührgeräts glatt unterrühren. Den Teig 30 Min. quellen lassen.

2. Eine beschichtete Pfanne (Ø 26 cm) erhitzen, mit 1 TL Öl auspinseln. 1 Kelle Teig (ca. 8 EL) hineingeben und durch Schwenken gleichmäßig in der Pfanne verteilen. Bei mittlerer Hitze die Unterseite in 2–4 Min. hellbraun backen. Pfannkuchen mit einem Pfannenwender wenden und in 2–3 Min. fertig backen. Aus dem restlichen Teig weitere sieben Pfannkuchen backen. Fertige Exemplare im Ofen bei 80° (Umluft 60°) warm halten.

Austausch-Tipp: Für herzhafte Pfannkuchen den Zucker weglassen, dafür 1/2 TL Salz unter den Teig rühren.

Erdbeer-Pfannkuchen

ZUTATEN FÜR 8 STÜCK
30 MIN. + 30 MIN. RUHEN + 20–30 MIN. BACKEN
1 Grundrezept süße Pfannkuchen (oben) | abgeriebene Schale von 1/2 Bio-Orange | 500 g Erdbeeren | 1 EL Zucker | 1 EL Limettensaft | 150 g Sahne | 1 EL Bourbon-Vanillezucker | 150 g Erdbeerkonfitüre | 1 EL Puderzucker

Pro Portion ca. 365 kcal 8 g EW 17 g Fett 44 g KH

1. Teig nach dem Grundrezept zubereiten, dabei jedoch die Eier trennen und zunächst nur Eigelbe sowie Orangenschale unterrühren. Teig 30 Min. quellen lassen. Dann Eiweiße steif schlagen und unterziehen. Inzwischen Erdbeeren waschen und entkelchen. Einige Beeren beiseitelegen, die übrigen Beeren vierteln und mit Zucker und Limettensaft marinieren.

2. Aus dem Teig wie beschrieben nacheinander acht Pfannkuchen backen und im Ofen warm halten. Die Sahne mit dem Vanillezucker steif schlagen. Pfannkuchen mit Konfitüre bestreichen. Sahne mit einem Spitzbeutel mit Sterntülle jeweils auf eine Pfannkuchenhälfte spritzen, marinierte Erdbeeren darauf verteilen. Pfannkuchen zusammenklappen, mit Puderzucker bestäuben und übrigen Erdbeeren garniert servieren.

ganz einfach

beeren-stark

Mohnpfannkuchen mit Birnen

ZUTATEN FÜR 8 STÜCK
25 MIN. + 30 MIN. RUHEN + 20−30 MIN. BACKEN
1 Grundrezept süße Pfannkuchen (links) | 2 EL gemahlener Mohn | 2 reife Birnen | 125 ml Birnen- oder Apfelsaft | 2 EL Honig | 1 EL Zitronensaft | 250 g Vanilleeis | 1 EL Puderzucker

Pro Portion ca. 350 kcal 8 g EW 15 g Fett 39 g KH

1. Den Pfannkuchenteig nach dem Grundrezept zubereiten, dabei den Mohn mit den Eiern unterrühren. Den Teig 30 Min. quellen lassen. Inzwischen die Birnen waschen, vierteln, entkernen und nach Belieben schälen. Die Viertel in dünne Spalten schneiden. Birnen- oder Apfelsaft, Honig und Zitronensaft in einen Topf geben, aufkochen und in 5 Min. bei mittlerer Hitze sirupartig einkochen lassen. Die Birnen in den Sirup geben und 3 Min. darin dünsten.

2. Aus dem Teig nacheinander wie beschrieben acht Pfannkuchen backen und im Ofen warm halten. Mit den Honig-Birnen und je 1 kleinen Kugel Vanilleeis anrichten. Mit Puderzucker bestäubt servieren.

fein im Herbst

reich an Vitamin C

Zitrusfrucht-Pfannkuchen

ZUTATEN FÜR 8 STÜCK
20 MIN. + 30 MIN. RUHEN + 20−30 MIN. BACKEN
1 Grundrezept süße Pfannkuchen (links) | abgeriebene Schale von 1 Bio-Limette | 2 Orangen | 1 rosa Grapefruit | 200 ml Orangensaft | 2 EL Zucker | 1/2 TL Zimtpulver | 1 EL Speisestärke | 200 g Schmand | 2 Pck. Bourbon-Vanillezucker | 1 EL Puderzucker | 1 EL gehackte Pistazien

Pro Portion ca. 350 kcal 9 g EW 17 g Fett 40 g KH

1. Den Pfannkuchenteig nach dem Grundrezept zubereiten, dabei die Limettenschale mit den Eiern unterrühren. Den Teig 30 Min. quellen lassen. Inzwischen Orangen und Grapefruit samt der weißen Haut schälen, Filets herausschneiden. Orangensaft, 100 ml Wasser, Zucker und Zimt aufkochen. 3 EL Wasser mit der Stärke verquirlen, einrühren und Saftmischung 1−2 Min. kochen lassen. Vom Herd nehmen, Zitrusfrüchte hineingeben und abkühlen lassen.

2. Aus dem Teig wie beschrieben acht Pfannkuchen backen und im Ofen warm halten. Schmand mit Vanillezucker verrühren. Pfannkuchen damit bestreichen, aufrollen, mit Puderzucker und Pistazien bestreuen. Mit Kompott servieren.

Trauben-Nuss-Schmarren

ZUTATEN FÜR 4 PORTIONEN
40 MIN.
350 g kernlose blaue und grüne
Weintrauben
6 Eier (Größe M) | 75 g Mehl
100 g gemahlene Haselnusskerne
60 g Zucker
1 Pck. Bourbon-Vanillezucker
175 ml Milch
1 TL abgeriebene Bio-Zitronenschale
Salz | 80 g Butter | 40 g Rosinen
Puderzucker zum Bestäuben

Pro Portion ca. 680 kcal 17 g EW
43 g Fett 56 g KH

1. Die Trauben waschen. Den Backofen auf 200° (Umluft 180°) vorheizen. Die Eier trennen. Die Eigelbe mit Mehl, Nüssen, Zucker, Vanillezucker und Milch glatt rühren. Die Zitronenschale untermischen. Eiweiße mit 1 Prise Salz steif schlagen und unter den Teig heben.

2. In einer großen, ofenfesten, beschichteten Pfanne 50 g Butter erhitzen, die Masse einfüllen. Trauben und Rosinen daraufstreuen. Den Schmarren auf dem Herd bei mittlerer Hitze 4–5 Min. anbacken, dann die Pfanne in den Ofen (2. Schiene von unten) schieben und 8–10 Min. weiterbacken, bis der Schmarren eine goldbraune Farbe hat.

3. Die Pfanne aus dem Ofen nehmen, den Schmarren mit zwei Gabeln zerreißen. Die übrige Butter zufügen. Schmarrenstücke leicht darin wenden und mit Puderzucker bestäubt servieren.

Zwetschgen-Crumble mit Zimtsahne

ZUTATEN FÜR 4 PORTIONEN
20 MIN. + 30–40 MIN. BACKEN
100 g Mehl | 70 g gemahlene Mandeln
100 g Zucker | 100 g eiskalte Butter
800 g Zwetschgen | 2 EL Zitronensaft
1 hauchdünnes Stück Bio-Zitronenschale (2–3 cm)
200 g Sahne
1 Pck. Bourbon-Vanillezucker
1 TL Zimtpulver
Puderzucker zum Bestäuben (nach
Belieben)

Pro Portion ca. 730 kcal 8 g EW
47 g Fett 67 g KH

1. Mehl, Mandeln und 50 g Zucker in einer Schüssel mischen. Butter auf der Rohkostreibe dazu raspeln. Alles mit den Händen verkneten, bis sich Streusel bilden. Streusel kalt stellen.

2. Den Backofen auf 180° (Umluft 160°) vorheizen. Die Zwetschgen waschen, halbieren und entsteinen. Mit dem übrigen Zucker, Zitronensaft und -schale in einen Topf geben und bei mittlerer Hitze zugedeckt 3–4 Min. dünsten. Die Zwetschgen mit einer Schaumkelle herausheben, abtropfen lassen und auf 4 ofenfeste Gratinförmchen (Ø 15 cm) verteilen. Zwetschgen mit jeweils 2 EL Dünstflüssigkeit beträufeln. Streusel darübergeben und im Ofen (2. Schiene von unten) in 30–40 Min. goldbraun backen.

3. Inzwischen die Sahne steif schlagen, dabei Vanillezucker und Zimt einrieseln lassen. Crumble nach Belieben mit Puderzucker bestäuben, die Zimtsahne dazu servieren.

very british

Mandel-Milchreis mit Nektarinen

ZUTATEN FÜR 4 PORTIONEN
20 MIN. + 25–30 MIN. GAREN
1 Vanilleschote
4 EL Zucker | 800 ml Milch
200 g Milchreis
2 EL gehobelte Mandeln
4 reife Nektarinen oder Pfirsiche
150 ml Orangensaft | 1 Zimtstange

Pro Portion ca. 460 kcal 12 g EW 10 g Fett 82 g KH

1. Die Vanilleschote aufschlitzen, das Mark herauskratzen. Beides mit 2 EL Zucker und der Milch zum Kochen bringen. Milchreis einstreuen und unter gelegentlichem Rühren bei schwacher Hitze 25–30 Min. quellen lassen. Vanilleschote entfernen.

2. Inzwischen die Mandeln in einer Pfanne ohne Fett goldbraun anrösten und abkühlen lassen. Die Nektarinen oder Pfirsiche waschen, halbieren, entsteinen und in Spalten schneiden. Orangensaft, Zimtstange und übrigen Zucker aufkochen. Früchte darin 3 Min. bei schwacher Hitze dünsten, dann abkühlen lassen.

3. Milchreis heiß oder lauwarm mit Mandeln bestreuen und mit den Nektarinen oder den Pfirsichen servieren.

Dickmilch-Grießbrei mit Beeren

ZUTATEN FÜR 4–6 PORTIONEN
25 MIN.
300 g gemischte Beeren (z. B. Erdbeeren,
Brombeeren, Himbeeren; frisch oder TK-Beeren)
250 g Aprikosen (frisch oder aus der Dose)
1 EL Zitronensaft
1 EL flüssiger Honig
750 ml Milch | 100 g Zucker
1 hauchdünnes Stück Bio-Zitronenschale (2–3 cm)
120 g Dinkel-Grieß oder Weichweizengrieß
300 g Dickmilch oder Joghurt

Pro Portion (bei 6) ca. 285 kcal 9 g EW 7 g Fett 48 g KH

1. Frische Beeren abbrausen, verlesen und trocken tupfen. Erdbeeren entkelchen. TK-Beeren auftauen lassen. Frische Aprikosen waschen, halbieren und entsteinen, Aprikosen aus der Dose abtropfen lassen und in Spalten schneiden. Aprikosen mit Beeren, Zitronensaft und Honig vorsichtig mischen.

2. Die Milch mit Zucker und Zitronenschale aufkochen. Den Grieß unter Rühren einstreuen, aufkochen und 4–5 Min. bei schwacher Hitze quellen lassen. Vom Herd nehmen, Dickmilch oder Joghurt einrühren. Den Grießbrei warm oder kalt mit den Früchten servieren – als Hauptgericht für 4 oder für 6 als Dessert.

Ein sommerlicher Traum aus dem Ofen: Viele
feinherbe rote Früchtchen, gebettet in eine
süße Quarkcreme mit Mandeln und Ricotta.
Da heißt es: Augen zu und ungeniert genießen!

Quarkauflauf mit Johannisbeeren

ZUTATEN FÜR 4 PORTIONEN
30 MIN. + 40–45 MIN. BZW. 30–35 MIN.BACKEN

400 g rote Johannisbeeren
4 Eier (Größe M)
150 g Zucker
250 g Magerquark
250 g Ricotta
Salz
abgeriebene Schale von 1 Bio-Zitrone
50 g Grieß
100 g gehobelte Mandeln
50 g gemahlene Mandeln
Puderzucker zum Bestäuben (nach Belieben)
Butter für die Form

zum Satt-essen

Pro Portion ca. 685 kcal 31 g EW 36 g Fett 56 g KH

1. Die Johannisbeeren kurz abbrausen, mit einer Gabel von den Rispen
streifen und verlesen. Die Eier trennen. Die Eigelbe mit 75 g Zucker mit
den Quirlen des Handrührgeräts cremig schlagen. Nach und nach Quark
und Ricotta unterrühren. 1 Prise Salz, Zitronenschale, Grieß und 75 g
Mandelblättchen untermischen.

2. Den Backofen auf 200° (Umluft 180°) vorheizen. Die Eiweiße mit
1 Prise Salz steif schlagen, dabei den übrigen Zucker einrieseln lassen.
Eischnee mit einem Kochlöffel vorsichtig unter die Quarkmasse heben.
Drei Viertel der Beeren ebenfalls vorsichtig unterheben.

3. Eine Auflaufform oder vier Portionsförmchen einfetten und mit den
gemahlenen Mandeln ausstreuen. Die Quarkmasse einfüllen. Die
übrigen Beeren darauf verteilen. Den Auflauf in der großen Form im
Ofen (2. Schiene von unten) insgesamt 40–45 Min. backen, in den
Förmchen 30–35 Min. backen. Jeweils nach ca. 20 Min. Backzeit die
übrigen Mandelblättchen aufstreuen. Auflauf aus dem Ofen nehmen
und nach Belieben mit Puderzucker bestäubt servieren.

Austausch-Tipp: Statt Johannisbeeren frische Aprikosen verwenden:
Die Früchte heiß überbrühen, kalt abschrecken und häuten. Aprikosen
halbieren und die Steine entfernen, dann die Früchte in feine Spalten
oder Würfel schneiden und unter die Quarkmasse heben.

Das steckt drin!

Kalzium benötigen wir, um Knochen
und Zähne zu stärken. Auch für
die Blutgerinnung und Muskel-
bewegung ist der Mineralstoff
unverzichtbar. Wer reichlich Milch
und Milchprodukte isst, deckt den
Tagesbedarf von 1000 mg problemlos. Kinder brauchen etwas mehr,
da ihre Knochen und Zähne noch
wachsen. Gemüse, Obst, Eier und
Mineralwasser enthalten ebenfalls
größere Mengen von dem Knochen-
stärker.

So viel Kalzium steckt in 100 g:
Emmentaler 1029 mg
Magerquark 92 mg
Brokkoli (gekocht) 87 mg

Ananas-Ofenschlupfer

ZUTATEN FÜR 4 PORTIONEN
20 MIN. + 40 MIN. BACKEN
6 Milchbrötchen vom Vortag
300 ml ungesüßte Kokosmilch
1/2 TL gemahlener Ingwer
4 Eier (Größe M) | 3 EL Zucker
1 Pck. Bourbon-Vanillezucker
50 g Kokosrapsel | 50 g Schoko-
tropfen | Salz | 1 Dose Ananasstücke
(250 g Abtropfgewicht)
Butter für die Form
Puderzucker zum Bestäuben

Pro Portion ca. 555 kcal 14 g EW
25 g Fett 69 g KH

1. Brötchen würfeln. Kokosmilch und Ingwer verrühren, über die Brötchen gießen und 5 Min. durchziehen lassen. Die Eier trennen. Eigelbe mit Zucker und Vanille-zucker cremig rühren und mit der Hälfte der Kokosraspeln und den Schoko-tropfen zu den Brötchen geben. Alles mit einem Kochlöffel gut verrühren.

2. Den Backofen auf 180° (Umluft 160°) vorheizen. Eiweiße mit 1 Prise Salz steif schlagen und unter die Brötchenmasse heben. Die Masse in eine gefettete Auflaufform (30 x 20 cm) füllen.

3. Ananasstücke in einem Sieb abtropfen lassen. Ananas auf der Brötchen-masse verteilen und mit den übrigen Kokosraspeln bestreuen. Auflauf im Ofen (2. Schiene von unten) 40 Min. backen, dabei nach 25 Min. mit Backpapier abdecken. Auflauf kurz ruhen lassen und mit Puderzucker bestäubt servieren.

ganz einfach

Aprikosen-Marzipan-Knödel

ZUTATEN FÜR 4 PORTIONEN
30 MIN.
8 kleine Aprikosen
40 g Marzipanrohmasse
400 g Kartoffelteig für Knödel (aus
gekochten Kartoffeln; Kühlregal)
1 Eigelb | 1 EL weiche Butter
2 EL Mehl + Mehl zum Formen
Salz | 50 g Vollkorn-Butterkekse
1 TL Zimtpulver
2 EL Zucker | 200 g Aprikosen-
Aufstrich (Fertigprodukt)

Pro Portion ca. 440 kcal 6 g EW
9 g Fett 84 g KH

1. Die Aprikosen waschen, längs aufschneiden und entsteinen. Marzipan in acht Würfel schneiden, anstelle der Steine in die Aprikosen füllen und Aprikosenhälften gut zusammendrücken.

2. Kartoffelteig in einer Schüssel mit Eigelb, Butter und Mehl verkneten. Teig in acht gleich große Stücke teilen, jedes Stück mit bemehlten Händen zu einer flachen Scheibe formen. Je 1 gefüllte Aprikose darauflegen und gleichmäßig in den Teig einschlagen. Teig zu Knödeln formen.

3. Reichlich Wasser aufkochen, leicht salzen. Knödel darin offen bei schwacher Hitze in 12 Min. gar ziehen lassen.

4. Kekse mit einem Nudelholz fein zerstoßen, mit Zimt und Zucker mischen. Knödel aus dem Wasser heben und abtropfen lassen. In der Keksmischung wenden und mit dem Aufstrich servieren.

gut vor-
zubereiten

Schmecken zum Adventskaffee ebenso gut wie als Dessert:
Die Bratäpfel werden mit einer Creme aus Marzipan,
Kirschen und Nüssen gefüllt und mit Vanillesauce serviert.
Damit kommen Sie bei Leckermäulern ganz sicher groß raus!

Bratäpfel mit Marzipanfüllung

ZUTATEN FÜR 4 PORTIONEN
25 MIN. + 35–40 MIN. GAREN IM OFEN
4 säuerliche Äpfel (à ca. 200 g; z. B. Elstar oder Jonathan)
4 EL Zitronensaft
150 g Marzipanrohmasse
30 g weiche Butter + Butter für die Form
1/2 TL Zimtpulver
50 g getrocknete Kirschen
50 g gehackte Haselnusskerne
125 ml Orangensaft
2 EL gehobelte Haselnusskerne oder Mandeln (ersatzweise gehackte Haselnusskerne)

Pro Portion ca. 470 kcal 6 g EW 27 g Fett 48 g KH

1. Die Äpfel waschen, abtrocknen und längs halbieren, Stiel dran lassen. Das Kerngehäuse großzügig herausschneiden. Die Schnittflächen der Äpfel mit dem Zitronensaft beträufeln.

2. Den Backofen auf 200° (Umluft 180°) vorheizen. Eine große Auflaufform (ca. 35 x 20 cm) einfetten. Die Marzipanrohmasse grob reiben. Butter und Zimt dazugeben und mit den Quirlen des Handrührgeräts gründlich verrühren. Die Kirschen fein hacken und mit den gehackten Nüssen unter die Marzipanmasse kneten.

3. Die Äpfel mit der Vertiefung nach oben in die Form setzen. Die Füllung auf die Apfelhälften verteilen. Den Orangensaft angießen. Die Äpfel im Ofen (2. Schiene von unten) je nach Größe 30–35 Min. backen. Inzwischen die Haselnuss- oder Mandelblättchen in einer Pfanne anrösten und abkühlen lassen. Bratäpfel mit den gerösteten Nüssen oder Mandeln bestreut servieren.

Tuning-Tipp: Bratäpfel mit selbstgekochter Vanillesauce servieren: Von 500 ml Milch 4 EL abnehmen und mit 2 TL Vanillepuddingpulver und 2 Eigelben verquirlen. Übrige Milch mit 2 EL Zucker langsam aufkochen. 1 Vanilleschote aufschlitzen, das Mark herauskratzen und mit der Schote in die Milch geben. Schote entfernen. Den Eigelbmix in die Milch rühren, aufkochen und 2–3 Min. kochen lassen, bis die Sauce gebunden ist. Lauwarm oder kalt zu den Bratäpfeln servieren.

Das steckt drin!

Ballaststoffe sind unverdauliche Pflanzenfasern, die wir täglich (30 bis 40 g) zu uns nehmen sollten. Sie regen den Darm und damit die Verdauung an, senken den Cholesterinspiegel und beugen viele Krankheiten vor. Wasserlösliche Ballaststoffe aus Gemüse und Obst (Pektine) sind genauso wichtig wie unlösliche Zellulose in Schrot und Kleie.

So viel Ballaststoffe stecken in 100 g:
Vollkornbrot 8,4 g
Rosenkohl 4,4 g
Apfel 2,0 g

Grundrezept Muffins

ZUTATEN FÜR 1 MUFFINBLECH (12 STÜCK)
20 MIN. + 20–25 MIN. BACKEN
250 g Mehl | 2 TL Backpulver | Salz | 125 g weiche Butter |
150 g Zucker | 2 Eier (Größe M) | 250 ml Buttermilch oder
Joghurt | Puderzucker zum Bestäuben | Fett oder
12 Papierbackförmchen für das Muffinblech

Pro Portion ca. 220 kcal 4 g EW 10 g Fett 28 g KH

1. Den Backofen auf 180° (Umluft 160°) vorheizen. Das Muffinblech einfetten oder Papierbackförmchen in die Mulden legen.
Das Mehl mit dem Backpulver und 1 Prise Salz vermischen.
In einer zweiten Schüssel die Butter mit Zucker und Eiern mit
den Quirlen des Handrührgeräts cremig schlagen. Buttermilch
oder Joghurt kurz unterziehen und die Mehl-Mischung zügig
unterheben.

2. Den Teig in die Mulden des Muffinblechs füllen und im Ofen
(Mitte) in 20–25 Min. goldbraun backen.

3. Die Muffins aus dem Ofen nehmen, aus der Form lösen oder
mit den Papierförmchen aus der Form heben und auf einem
Kuchengitter abkühlen lassen. Mit Puderzucker bestäuben.

Heidelbeer-Muffins

ZUTATEN FÜR 1 MUFFINBLECH (12 STÜCK)
20 MIN. + 20–25 MIN. BACKEN
175 g Heidelbeeren (frisch oder TK) | 1 EL Mehl |
1 TL abgeriebene Bio-Zitronenschale | 2 TL Orangensaft |
1 Grundrezept Muffins (oben) | 1 Pck. Bourbon-Vanille-
zucker | Puderzucker zum Bestäuben

Pro Portion ca. 230 kcal 4 g EW 10 g Fett 30 g KH

1. Frische Heidelbeeren kurz abbrausen, verlesen und trocken
tupfen. Die frischen oder gefrorenen Heidelbeeren mit dem
Mehl, der Orangenschale und dem Orangensaft mischen.

2. Den Backofen auf 180° (Umluft 160°) vorheizen. Das
Muffinblech einfetten oder Papierbackförmchen in die Mulden
legen. Den Muffinteig nach dem Grundrezept zubereiten, dabei
mit dem Zucker noch den Vanillezucker einarbeiten. Beeren-
mischung vorsichtig unter den Teig heben. Teig in die Mulden
füllen und im Ofen (Mitte) in 20–25 Min. goldbraun backen.

3. Die Muffins aus dem Ofen nehmen, 5 Min. ruhen lassen,
dann aus der Form nehmen und auf einem Kuchengitter abkühlen lassen. Mit Puderzucker bestäubt serviert.

Kinderhit mit Schokokick

fruchtig & saftig

Stracciatella-Muffins

ZUTATEN FÜR 1 MUFFINBLECH (12 STÜCK)
30 MIN. + 20–25 MIN. BACKEN
100 g Schokolade (70% Kakaoanteil) | 50 g gehackte Mandeln | 1 Grundrezept Muffins (links) | 2 Pck. Bourbon-Vanillezucker | 150 g weiße Kuchenglasur | zartbittere Schokoladenraspel zum Bestreuen

Pro Portion ca. 370 kcal 7 g EW 21 g Fett 40 g KH

1. Die Schokolade fein hacken und mit den Mandeln mischen.

2. Backofen auf 180° (Umluft 160°) vorheizen. Das Muffinblech einfetten oder Papierbackförmchen in die Mulden legen. Muffinteig nach dem Grundrezept zubereiten, dabei 20 g Zucker durch 2 Pck. Bourbon-Vanillezucker ersetzen. Die Schoko-Mandelmischung unterheben. Den Teig in die Mulden füllen und im Ofen (Mitte) 20–25 Min. backen.

3. Die Muffins aus der Form nehmen und auf einem Kuchengitter abkühlen lassen. Die Kuchenglasur nach Packungsangabe im Wasserbad schmelzen lassen, die Muffins damit überziehen. Glasur etwas antrocknen lassen, dann mit Schokoladenraspeln bestreuen und vollständig erkalten lassen.

Rhabarber-Kokos-Muffins

ZUTATEN FÜR 1 MUFFINBLECH (12 STÜCK)
30 MIN. + 20–25 MIN. BACKEN
250 g rotschaliger Rhabarber | 2 EL Ahornsirup | 50 g Kokosraspel | 1 Grundrezept Muffins (links) | 30 g brauner Zucker | Puderzucker zum Bestäuben

Pro Portion ca. 250 kcal 4 g EW 10 g Fett 36 g KH

1. Rhabarber waschen, putzen und 50 g beiseitelegen. Übrigen Rhabarber sehr klein würfeln und mit Ahornsirup vermischen. Kokosraspeln in einer Pfanne anrösten und abkühlen lassen.

2. Backofen auf 180° (Umluft 160°) vorheizen. Muffinblech einfetten oder Papierbackförmchen in die Mulden legen. Muffinteig nach dem Grundrezept zubereiten. Rhabarberwürfel und Kokosraspeln untermischen. Teig in die Mulden füllen. Im Ofen (Mitte) 15 Min. vorbacken.

3. Inzwischen das übrige Rhabarberstück in feine Scheiben schneiden. Muffins mit je 2–3 Scheibchen belegen und mit braunem Zucker bestreuen. In 5–10 Min. im Ofen (Mitte) fertig backen. Herausnehmen und 5 Min. ruhen lassen. Dann aus der Form nehmen und lauwarm mit Puderzucker bestäuben.

Das Koche ich, wenn ...

... es schnell gehen soll

... es nicht viel kosten darf

... es büfettauglich sein soll

Register

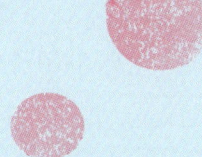

Hier sind alle Rezepte in alphabetischer Reihenfolge aufgelistet, dazu wichtige Sachbegriffe. Die Rezepte finden Sie zusätzlich auch unter ihren Hauptzutaten.

UV

W

Z

Die Autorin

Martina Kittler ist Diplom-Oecotrophologin und Sportwissenschaftlerin und machte ihre Leidenschaft fürs Kochen und Backen zum Beruf: acht Jahre lang bei einer Foodzeitschrift und seit der Geburt ihrer beiden Kinder Janina und Laurens als freie Foodjournalistin und Kochbuch-Autorin. Als Mutter zweier Teenager-Kids weiß sie den Balanceakt zwischen ausgewogener Ernährung und XXL-Portionen diverser Lieblingsgerichte zu meistern. Für das große Familienkochbuch entwickelte sie gesunde, pfiffige, unkomplizierte und familientaugliche Rezepte – die erst einmal die Prüfung der hauseigenen Jury bestehen mussten. Als Ernährungsexpertin und erfahrene Kochbuchautorin wirkte sie bereits bei »Das große GU Familien Kochbuch«, »Kochen für die Familie«, »Backen für die Familie«, und der »Jahreszeitenküche für die Familie« mit und veröffentlichte außerdem Titel wie »Crashkurs Kochen« und »Crashkurs Backen« und KüchenRatgeber zu den unterschiedlichsten Themen.

Die Fotografinnen

Ulrike Schmid und **Sabine Mader** arbeiten seit Jahren als Team in ihrem Foodstudio **Fotos mit Geschmack** für renommierte Verlage und Agenturen. Sie leben mit ihren Familien im Fünf-Seen-Land zwischen Starnberger See und Ammersee und fotografieren am liebsten da, wo Licht und Stimmung am schönsten sind. Für das große Familienkochbuch setzten sie die Gerichte sowohl im Studio als auch im Freien und bei Freunden in deren Küchen stimmungsvoll in Szene. Sie bedanken sich bei der tollen Crew in der Küche: Margit Proebst und Silke Kobr. Außerdem bei ihrem Assistenten Lionel Wisskirchen und bei ihrem Praktikanten Tino Mader. Ebenfalls vielen Dank an die Firmen Riess Email und

Wallküre Porzellan für die Requisiten. Und ein besonderes Danke-schön an alle Mütter, Väter und Kinder für ihren hinreißenden Charme und die große Geduld beim Fotografieren: Silke, Paulina und Anabel Kobr, Friederike, Luise und Josephine Reetz, Amelie-Ida Schließer, Claudia und Emma Hofmeister, Paula Thanner, Laura Schmid und Ida Mader.

Projektleitung: Sigrid Burghard
Lektorat: Susanne Bodensteiner
Korrektorat: Petra Bachmann
Layout, Typografie und Umschlaggestaltung: independent Medien-Design, Horst Moser, München
Herstellung: Petra Roth
Satz: Lydia Geißler
Repro: Longo AG, Bozen
Druck: Firmengruppe APPL, aprinta druck, Wemding
Bindung: Conzella, Pfarrkirchen

Bildnachweis:
Alle Fotos von **Fotos mit Geschmack**:
Ulrike Schmid und Sabine Mader
(www.fotos-mitgeschmack.de)
Illustrationen:
Ingela P. Arrhenius c/o kombinatrotweiss.de
Syndication:
www.jalag-syndication.de
Titelbildrezept:
Spaghetti alla Bolognese, Seite 132

© 2011 GRÄFE UND UNZER VERLAG GmbH, München

ISBN 978-3-8338-2261-2
1. Auflage 2011

Unsere Garantie

Alle Informationen in diesem Ratgeber sind sorgfältig und gewissenhaft geprüft. Sollte dennoch einmal ein Fehler enthalten sein, schicken Sie uns das Buch mit dem entsprechenden Hinweis an unseren Leserservice zurück. Wir tauschen Ihnen den GU-Ratgeber gegen einen anderen zum gleichen oder ähnlichen Thema um.

Liebe Leserin und lieber Leser,

wir freuen uns, dass Sie sich für ein GU-Buch entschieden haben. Mit Ihrem Kauf setzen Sie auf die Qualität, Kompetenz und Aktualität unserer Ratgeber. Dafür sagen wir Danke! Wir wollen als führender Ratgeberverlag noch besser werden. Daher ist uns Ihre Meinung wichtig. Bitte senden Sie uns Ihre Anregungen, Ihre Kritik oder Ihr Lob zu unseren Büchern. Haben Sie Fragen oder benötigen Sie weiteren Rat zum Thema? Wir freuen uns auf Ihre Nachricht!

Wir sind für Sie da!
Montag–Donnerstag:
8.00–18.00 Uhr;
Freitag: 8.00–16.00 Uhr
Tel.: 0180-5 00 50 54*
Fax: 0180-5 01 20 54*
E-Mail:
leserservice@graefe-und-unzer.de

P.S.: Wollen Sie noch mehr Aktuelles von GU wissen, dann abonnieren Sie doch unseren kostenlosen GU-Online-Newsletter und/oder unsere kosten losen Kundenmagazine.

GRÄFE UND UNZER VERLAG
Leserservice
Postfach 86 03 13
81630 München

*(0,14 €/Min. aus dem dt. Festnetz/ Mobilfunkpreise maximal 0,42 €/Min.)

UMWELTHINWEIS

Dieses Buch ist PEFC zertifiziertem Papier aus nachhaltiger Waldwirtschaft gedruckt. Um Rohstoffe zu sparen haben wir auf Folienverpackung verzichtet.

GRÄFE UND UNZER

Ein Unternehmen der
GANSKE VERLAGSGRUPPE